滝沢昌彦 著
Takizawa Masahiko

民法がわかる
民法総則

第5版

JN037658

弘文堂

第5版へのはしがき

　第4版の在庫が少なくなったので、改訂版を出すことにした。初版は2005年であるから、18年続いたと思うと若干の感慨がないわけではない。第4版は2017年の債権法改正（2020年から施行）に対応するべく改訂したのであるが、細かい部分では旧法を前提とした表現が残っている等の見落としがあったので、今回それを訂正し、さらに、この機会に説明方法や文章表現などを見直した。その分わかりやすくなり、初学者向けのテキストという当初の目的に若干は近づいたのではないかと思う。なお、第3版以前のはしがきは改正前に書かれたものであるので、その点注意して読んでほしい。

　今回も、弘文堂の北川陽子さんには大変お世話になった。ここに記して、感謝の意を表したい。

　2023年1月

滝沢　昌彦

第4版へのはしがき

　昨年（2017年）6月に、民法が大幅に改正された。主に債権法の改正であるが、本書で扱う民法総則についても重要な変更がある。改正法は2020年4月1日に施行される予定であるが、本書の読者として想定されるのは主に学部学生であるから、卒業して社会に出る頃には改正法が通用しているであろう。そこで、今回の改訂では基本的には改正法を解説することとし、旧法（現行法）については必要に応じて言及するにとどめ、さらに、この機会に若干の補充や訂正も行った。もっとも、改正法は、現行法についての判例や通説を条文化したものが多いので、現在の民法学説から大きくはずれたものではない。連続したものとして捉えるなら、現行法の理解にも資するところが多いはずである。なお、これ（第4版）以前のはしがきは改正前に書かれたものであるので、その点注意して読んでほしい。

　今回も、弘文堂の北川陽子さんには大変お世話になった。ここに記して、感謝の意を表したい。

　　2018年1月

滝沢　昌彦

第3版へのはしがき

　第2版以来やや時間が経ったので第3版を出すこととし、これを機会に補充や訂正をした。

　なお、現在、民法の改正が進められており、今年（2014年）8月に法制審議会の民法（債権関係）部会で「要綱仮案」が決定されたところである。おそらく来年の初めに「要綱案」となり、法制審議会で「要綱」が決定されて法案化されるであろう。主な対象となったのは債権法（民法第3編）であるが、民法総則（第1編）でも若干の改正が提案されている。そこで、民法改正の動向を紹介するべく、要綱仮案の内容を（該当箇所に）挿入した。現行法の理解にも資するので、参考にしてほしい。

　今回も、弘文堂の北川陽子さんには大変お世話になった。感謝の意を表したい。

　2014年12月

滝沢　昌彦

第2版へのはしがき

　法人制度（民法第1編第3章）は、「一般社団法人および一般財団法人
に関する法律」（平成18年成立）により相当改正された。これに対応するた
めに第2版を出すことにしたが、また、この機会に若干の補充や訂正をし
た。なお、現在さらに民法を改正するべく議論が進められており、民法総
則の領域では、意思表示や時効に関する制度などが改められるかもしれな
い。読者の方は、この動向にも注意してほしい。

　今回も、弘文堂の北川陽子さんに大変お世話になった。ここに記して謝
意を表したい。

　　2008年1月

　　　　　　　　　　　　　　　　　　　　　　　滝沢　昌彦

はしがき

［本書の基本的な構想について］

　本書は民法総則（1条から174条の2まで）のテキストであるが、「物」の項目（第3章）で物権変動論（177条以下）や不動産登記についても説明をし、また、「法律行為」の項目（第4章）では契約法の概略（主に契約総論（521条以下））にも言及することにより、民法（財産法）全体の概観を兼ねるようにした。講義用のテキストではあるが、独学する者が通読しても理解できるように工夫したつもりである。

　この構想について、もう少し説明しよう。通常、民法（財産法）は「総則」「物権」（175条から398条の22まで）「債権総論」（399条から520条まで）「債権各論」（521条から724条まで）に分けて講義されるが、これらは全体として統一体をなしているので一部のみ学習しても意味がないのみならず、一部のみ学習したのでは、その部分についても理解が困難である。まして、民法総則は初学者がまず取り組む分野であるところ、初学者には民法全体についてのイメージができていないので、この問題はなお大きい。

　他方、民法総則は「人」（3条から32条の2まで）「法人」（33条から84条の3まで）「物」（85条から89条まで）「法律行為」（90条から137条まで）「期間」（138条から143条まで）および「時効」（144条から174条の2まで）からなるところ、「物」について述べる際に物権変動論や不動産登記の役割についても説明し、「法律行為」について述べる際に契約法の概略を説明すれば、民法のかなりの部分について体系的な概観を与えることができる。これは、物権法や債権法のテキストでは不可能である。また、これは、総則そのものを理解する上でも有用であろう。例えば、94条2項の類推適用を学ぶには物権変動（登記の公信力）の知識が不可欠であるし、法律行為の典型例である契約についての理解があれば、法律行為論（90条以下）の学習に資するであろう。90条以下は「法律行為」と題されているが、法律行為が有効であるか無効であるかを扱うのみであり、そもそも法律行為とはどのようなものかについての規定はないからである。

本書1冊で民法の学習を完成することはできないが、それでも、通常の民法総則のテキストに比べれば扱う範囲が広いので完結度は高く、「民法概論」として読めるはずである。また、本書で民法全体についてのイメージを得た後であれば、契約法、不法行為法、さらに担保法と「トピック別」に勉強することによって、民法の学習を進めることができる。

［論点の選択について］

　初学者向けのテキストであるので、なるべく通読しやすいように、扱う論点は大幅に絞った。最初から細かいことまで覚えようとすると全体の「ストーリー」がわからず、いわゆる「木を見て森を見ず」の弊に陥り易いし、そもそも通読することが困難となるからである。また、全体のストーリーがわからないと、細かい個々の論点を理解することはできても頭に残らない。それでは、民法を「修得」したことにはならない。

　細かい論点まで網羅的に記述した「体系書」の学問的価値を否定するつもりはない。しかし、細かい点まで網羅する体系書は一種の「辞書」であるところ、辞書を通読することは不可能であろう。もちろん初学者は適当に「間引き」して読めばよいのであるが、初学者にはその選択は困難であり、結局全部を読もうとして挫折するのが「落ち」である（自分がそうであった）。そこで、細かい点は落としても、とにかく民法全体を概観することを心がけたのである。

　したがって、本書は、いわゆる「体系書」ではない。細かい論点について網羅的に解答を与えることは意図しておらず、むしろ、問題解決に際して「どのように考えるべきか」についてのヒントを与える「開かれた体系」を志向している。すべての問題についてあらかじめ解答を準備して暗記するだけの勉強では、応用が効かない。議論とはアドリブでなされるものであり、細かい判例・学説は「その都度」コンメンタール等で（参考文献参照）調べればよい。

［学習に際しての注意］

　本書により民法を学習しようとする読者のために、学習上の留意点について、さらにいくつか提案したい。

1．概念や用語の「定義」を本書は余り重視しておらず、その代わりに「典型例」で説明するように配慮した。民法で使用される概念の多く（所有権、契約や代理など）は日常生活でもよく使われるものであり、読者も一応のイメージを持っているであろう。それを尊重して出発点としたいのである。

　概念とは「広がり」を持つものであり、中核となっているのが「典型例」である。そして、典型的でないものまで（その概念に）含まれるようになって他の概念との「境界」が問題となったときに、「定義」が重要となる。したがって、最初は定義にこだわらずに、むしろ、典型例（例えば、法律行為なら「契約」）から出発して考えてほしい。

2．本書では「定義」にはそれ程こだわらなかったが、概念や制度相互の関係についてはそれなりに配慮した。ある概念や制度について説明する際には、筆者なりに想像力を働かせて類似する概念や制度を挙げ、それとの比較対照をしたつもりである（例えば、契約の「動機」と契約の「目的」の関係）。

　後述（6頁）するように、民法とは、起源も由来も異なる様々な制度の「寄せ集め」である。したがって、「この場合にはこの条文が適用され、あの場合にはあの条文が適用される」と一義的に決定できるとは限らないので「交通整理」が必要となる。もっとも、ある制度と他の制度が全く異なるなら、相互の関係について頭を悩ませる必要はない。むしろ、よく似た制度でありながら、本来の趣旨や適用範囲が微妙に異なる場合が問題なのである（例えば、一般法人法78条（改正前の民法44条1項）、110条、715条相互の関係など）。読者も、学習をする際には、目の前の細かい論点に集中してしまうのではなく、「似たような話がなかったっけ？」と想像力を働かせながら、考えてほしい。

3．そして、ある程度学習が進んだら、（2．の延長でもあるが）似たような機能を果たす制度について、要件や効果を比較する「横断的」な復習を心がけてほしい。例えば、本書の「問題8」では、契約の無効、契約の取消し、および、契約の解除についての「まとめ」を試みている。

　かなり学習の進んだ学生でも、例えば「動機の錯誤により契約は無効となるか」のような個々の細かい論点についての判例や学説などはよく暗記

しているが、さて、「契約はどのような場合に無効となるか」と尋ねてみると意外に答えられない。このような学生は、たまたま自分が知っている論点に当たればよい答案を書くが、未知の問題にぶつかったときに、自分で論点を発見する（場合によっては論点を「作り出す」）ことは苦手である。しかし、これでは「使える」法律学にはならないであろう。どのような場合にどのような「武器」が使えるのかを整理して「覚える」ことが重要なのである。

[本書の記述について]

　従来の体系書は、知識を詰め込もうとする余りに記述が簡単になり過ぎてわかりにくいものが多かったように思う。そこで、本書では、扱う論点を絞った代わりに、その論点については、話を広げたり脱線したりしながら「心ゆくまで」（とまでは言えないのが残念だが）語らせてもらった（筆者としてもこの方が楽しい）。あるいは冗長に見え、また、繰り返しが多いようにも感じられるかもしれないが、このようなスタイルの本があっても良いのではないか。

　また、記述にメリハリを付けるために、活字を小さくした部分もある。講義では早口でサッと済ます「独り言」に相当するが、要するに、別の分野の解説をしたり他の概念や制度との比較をしてみた「寄り道」である。しかし、省略してよいという趣旨ではないので、一応は読んでほしい。民法は全体として１つの体系をなしているのみならず、他の法律とも有機的に関連しているのだから、このような寄り道も、理解のためには必要であろう。

　そして、所々に「問題」（全部で９題）を挿入した。多くは、概念や制度の相互の関係に注意を促すためであるが（問題１、３、５、７、８）、既に学んだことの復習もあるし（問題２）、叙述が単調にならないように「問題」という形式で論点を解説した場合もあり（問題４、６）、さらに、より進んだ知識を自習してもらうための問題もある（問題９）。いずれにせよ、理論を理解し知識を覚えるという「受け身」の勉強だけではなく、より積極的な勉学態度を身に付けてもらうためなので（余計なお世話だって？）、この「問題」の所では本を置いて、六法のみを手掛かりにして考えてみて

ほしい。

　さらに、索引を作成する際には、特に重要と思われる語や判例は太字にした。基本的な概念は覚える必要があるので、復習の際に活用されたい。

　なお、本書は、平成16年度の一橋大学のロースクールにおける筆者の講義ノートに由来する。受講生との議論を通じて、多くの誤りを訂正することができたし、改善された点もある。また、弘文堂の北川陽子さんからも激励してもらい、また、多くのアドバイスをいただいた。ここに記して謝意を表したい。

　　　2005年2月

　　　　　　　　　　　　　　　　　滝沢　昌彦

CONTENTS

第2章　法人制度　　45

第3章　物　　71

第4章　法律行為　97

民法がわかる
民法総則

第5版

序

　いきなり民法の内容を説明すると、かえってわかりにくいであろう。まずは、「民法とはどんな法律なのか」について大体のイメージを持ってもらうために、「序」を設けた。法律全体の中での民法の位置づけ、民法の歴史、また、民法の条文の構成について解説する。もっとも、民法の内容は説明しないと述べたが、「法律行為」とか「物権」とか「債権」という概念についてはここ（序）で説明する。民法の全体構造に関わる極めて重要な概念であるから、しっかり覚えてほしい。

第1節●民法の歴史

1………公法と私法

　法律は、大きくは「公法」と「私法」とに分かれる。公法と私法の法律的性格はかなり異なっているので、それがわかっていないと、学習の最初の段階からつまづくことになりかねない。

［公法と私法］
　公法とは、国家権力の行使に関するルールであり、具体的には憲法とか刑法とかが公法に属する。
　憲法には、国の政治体制の基本が定められている。例えば、「国民が選挙によって議員を選んで国会を組織し、国会で内閣総理大臣を指名して、その内閣総理大臣を中心にして内閣を組織して政治を行う」というようなことは憲法で定められている。また、憲法には、思想・良心の自由（憲法19条）のような基本的人権も定められているが、これも、「権力行使にあたっては基本的人権を侵害しないように配慮しなければいけない」という意味で、権力の行使の仕方を定めたルールである。さらに、刑法とは、例えば、「人を殺した者は、死刑又は無期若しくは5年以上の懲役に処する」（刑法199条）のように、「どのようなことをすれば犯罪となるのか」、また、「それに対してどのような刑

罰が科されるのか」を定めた法律である。さて、「犯罪者を捉えて処罰する」のも国家権力の作用の1つであり、このような権力を「刑罰権」という。したがって、刑法も、権力の行使に関するルールである。

これに対して、私法とは、権力関係にない対等な当事者間のルールであり、具体的には民法とか商法とかが私法に属する。

民法とは「一般市民間の財産関係や家族関係」について定めた法律であり、商法とは「商人間の商取引」について定めた法律である。一般市民間や商人間には「どちらかが相手方に従わなくてはいけない」という権力関係はない。対等な当事者間でのルールを定めた法律が私法なのである。

［公法と私法の性格の違い］

権力関係とは、「どちらかが相手方に従わなくてはいけない」関係である。例えば、日本国民である以上は日本国の権力には従わなくてはいけない。なお、「権力には従うべきである」という意味でいっているのではない（念のため）。そもそも「国家」とはそのようなものであり、もし日本国民の大多数が日本国の権力に従わないなら、もはや日本国は「国家」とは呼べないのである。

権力関係とは、このように、「逆らうことのできない」関係ではあるが、あるいは逆らうことのできない関係だからこそ、権力者が勝手に権力を行使したのでは国民はたまらない。そこで、恣意的な権力の行使を許さないように「権力の行使にもルールを作ろう」という趣旨で発達したのが公法である。したがって、公法においては、国家権力の行使にいかに国民の意見を反映させるか、また、権力行使にあたって配慮すべき人権とは何かが重要なテーマとなる。

これに対して、私法においては両当事者は対等であり、どちらかが相手方に従わなければいけないわけではない。一般市民間では当然であるが、商人間の取引においても、「買わないか」と持ちかけられても「買うか買わないか」は本人の自由である。私法とは、両当事者が対等であることを前提として、いかに利益を公平に分配するか、または、いかに損失を公平に分担するかを課題とする法律である。

［合意による人間関係の形成］

　私法の領域においては両当事者は対等であり、どちらかが相手方に従わなければならないわけではないのだから、「金を払え」とか「家を明け渡せ」のような法律的な（＝相手方に強制できる）権利や義務は、相手方との合意があって初めて発生する。相手方が「金を払います」とか「家を明け渡します」とか約束した場合には強制できるが、逆に言えば、合意がない限りは相手方を強制することは（原則として）できない。なお、公法の領域でも近時は合意が重視される傾向があり、例えば、政策の実施にあたって「住民との合意」は大きな意味を持つ。しかし、権力関係とは「従わなければいけない」関係であるから、合意がなければ相手方を強制できないわけではない。これに対して、私法の場合には、合意によって法律的な（＝強制力のある）関係が形成されてゆくのである。

　さて、私法の領域においては当事者は合意によって人間関係を形成してゆくが、前述のように私法とは「利益や損失を公平に分け合うためのルール」であるところ、「公平であるか否か」の判断の際にも「当事者間にどのような合意があったか」が重視される。「合意ができた」ということは「両当事者ともそれで満足した」ということであるから、その合意が、両当事者の利害関係を一番よく調整しているからである。

　例えば、AがBに「この土地を120万円で買わないか」と持ちかけたがBは「80万円なら買おう」と言って拒否し、交渉の結果「100万円で売買する」旨の合意ができたとする。このとき、Aは、元来は120万円で売るつもりであったが交渉の結果「100万円でもよい（それでも若干は得だ）」と判断したのであり、また、Bも、元来は80万円で買うつもりだったが「100万円でもよい（それでも若干は得だ）」と判断している。このように、合意の前には「交渉」が行われるところ、交渉においては各人が自分の利益を守ろうとするのであるから、合意ができた場合には、その合意がそれぞれの利益を最もよく調整しているはずである。「合意によって人間関係を形成する」とは「自分の利益は自分で守れ」という意味をも含んでおり、力関係が対等であるなら、それができるはずである。もっとも、法律的には対等であっても事実上の力関係に差があることも多い。この問題については後述（10頁以下）する。

2………民法と商法

さて、前述したように、私法の領域の代表的な法律は、民法と商法である。それでは、この2つはどう違うのであろうか。

［民法と商法］

　民法とは「一般市民どうしの関係」を規制するルールであり、民法の「民」とは「市民」という意味である（英語では「Civil Law」という）。「一般市民どうしの関係を規制するルール」というと非常に広いように思うかもしれないし、確かに民法の内容は雑多であるが、大雑把に言うと「財産に関するルール」と「家族に関するルール」とに分かれる。

　商法とは、「商人間の商取引」に関するルールである。もっとも「商取引」とはそもそも商人間の財産取引を指すのだから「商人間の商取引」という表現には無駄な重複がある。しかし、商人も一般市民であるので、商法が規制している領域（商人間の財産取引）は民法が規制している領域（一般市民間の財産関係や家族関係）に含まれている。つまり、商法は、民法が規制している領域の一部について特別な規制をしている。このようなときに、広い領域を規制している法律を「一般法」といい、狭い領域を規制している法律を「特別法」と呼ぶ。商法は、民法の特別法である。

　なぜ、商人間の取引には、一般市民間の取引とは異なった規制が必要なのであろうか。商人は「商売として」取引をしているのであり、これは、一般市民の取引とは性質が異なるからである。例えば、一般市民が土地を買うのは「その土地に家を建てて住みたいから」であるが、不動産業者が土地を買うのは「その土地を他の者に売って利ざやを稼ぐ」ためであり、不動産業者が（買った土地に）自分で住んでしまっては意味がない。そして、このように「商売として」取引をする場合には大規模に、しかも、反復継続して取引をするので、大規模に取引をできるような、あるいは、迅速に取引をできるような制度上の工夫がされている。

　例えば、個人が自分の資金のみで商売をするのでは、その規模はたかが知れている。そこで、多くの人から出資を募って商売をする制度である「会社」が会社法に定められている。あるいは、AがBに対して「100万円払え」という権利を有するときに、この

権利を C に譲渡することは民法においても認められているが（466条以下）、より容易に権利を譲渡できるように工夫した制度が手形・小切手である（それぞれ「手形法」および「小切手法」という法律で規制されているが、これらは、広い意味での商法に属する）。

3………民法の歴史

［近代国家における民法の成立］

　民法に規定されている概念や制度の多くは、古代ローマ法に由来する。古代ローマは「古代資本主義」といわれるほどに取引（特に貿易）が盛んであったので、取引に関する法である私法が発達したのである。しかし、それらを「民法」という１つの法律にまとめたのは、1804年のフランス民法が最初であろう。これは、ローマ法や慣習法（主にゲルマン民族の慣習）等をまとめて作られた。

　なお、「民法」とは「一般市民どうしの関係に関するルール」という意味に過ぎず、その内容は、（ローマ法や慣習法等）起源や由来が異なる制度の「寄せ集め」である。したがって、ある制度と別の制度とが矛盾するように見えることも結構ある。民法解釈学は、その「交通整理」をしているような面もある。

　フランス民法は近代国家の民法のモデルの１つとなったが、もう１つの重要なモデルは、1896年に成立したドイツ民法である。ドイツ民法の成立はフランス民法よりも約100年遅いわけだが、もちろん、ドイツは国家としての統一が遅れたからである。この約100年の間に（フランスでもドイツでも）民法学が進歩したのでドイツ民法にはその進歩が反映されており、理論的にはより整備されている。ある制度と別の制度との比較検討が進み、共通する部分についてはまとめて規定したり、似たような状況を規定する条文を「準用」したりする手法（例えば、日本民法19条２項）が多用されている。なお、共通する部分をまとめて規定する場合には、その条文を前に（＝条文の数の若い方に）出すことが多い。例えば、日本の民法では175条以下が「物権」と題されて399条以下が「債権」と題されているところ（物権・債権の意味については後述する（12頁））、どちらにも共通して適用されるルールが１条以下の「総則」である。つまり、法律の全体は「総論（一般論）から各論へ」という順で構成されている。このような構成を「パンデクテン」体系と呼ぶが、物権と債権とが厳格に峻別され、充実した総則が設

けられているのが特徴である。しかし、ある制度と別の制度とに共通する部分
をまとめると、その「共通項」は非個性的になり抽象的でわかりにくい。
また、条文の準用が多いのも、読む者には面倒で理解を困難にする原因と
なる。総じて言えば、フランス民法は実際的で、ドイツ民法は理論的だが
抽象的で難解である。

［法律行為］

　さて、ドイツ民法が作り出した抽象的で難解な概念の１つ（しかも最も
重要なもの）に「法律行為」がある。現在の日本民法においても重要なキ
ーワードとなっているので、やや詳しく説明しよう。法律行為とは、とり
あえずは（ラフな定義だが）「当事者が意図的に権利や義務を発生させる行
為であり、契約や遺言が典型例である」と理解してよい。

　法律上、当事者の「行為」により権利や義務が発生するとされているこ
とがある。例えば、Ａが土地をＢに売る旨の契約をしたときには、Ｂに
は「土地を請求する権利」が生じるし、Ａには「代金を請求する権利」が
生じる（555条参照）。このときには、「契約」という行為によって権利が
発生している。また、Ａがわき見運転をして交通事故を起こしてＢにケ
ガをさせたときには、Ｂには「損害賠償を請求する権利」が生じる（709
条）。「わき見運転」のように「不注意により他人に損害を与える行為」を
「不法行為」というが、このときにも、権利（損害賠償請求権）が発生し
ている。しかし、後者（不法行為）の場合には、当事者は「損害賠償請求
権を発生させよう」と思ってわき見運転をしたわけではない。これに対し
て、前者（契約）の場合には、当事者は、権利や義務を発生させる意図で
契約をしたのである。さらに、例えば、Ａが「土地をＢに与える」旨の
遺言をしたとしよう。このときにも（Ａが死ねば）Ｂには「土地を請求す
る権利」が生じるが、この場合にも、このような権利を発生させるために
Ａは遺言をしたわけである。契約や遺言のように、当事者が意図的に権利
や義務を発生させる行為を「法律行為」と呼ぶ。したがって、「行為」とはい
っても、「立つ」「歩く」のような「動作」を連想してはいけない。契約とか遺言とかが、
法律行為の典型例である。

　さて、ドイツの民法学は、契約や遺言はどちらも「当事者が意図的に権

利や義務を発生させる行為」であるが故の共通点を有することを発見し、その部分については、両者（契約と遺言）まとめて規制できることに気付いた。具体的には、契約や遺言は「当事者が意図的に権利や義務を発生させる行為」なので、それが当事者の真の意図とは食い違った場合の処理の方法には共通する部分が多いのである。そこで、「法律行為」という上位概念を作り出し、両者に共通して適用されるルールを「法律行為」というタイトルでまとめて規定した（例えば、日本民法でも90条以下は「法律行為」と題されている）。これは理論的には「進歩」と評価できるが、その代わりに、抽象的で難解な概念を作ることになってしまった。「契約」や「遺言」なら素人でも理解できるが、「法律行為」などという抽象的な概念は専門家以外にはわかるまい。ドイツの民法学は、当時のドイツにもなかった不可解な言葉を「発明」したのである。

　なお、契約や遺言には共通する部分があるとはいっても、共通しない部分もあるのは当然であり、それについては別個に規定せざるを得ない。例えば、日本民法で「契約」と題された521条以下は、契約のみに適用されるルールである。そして、このために、契約に関する条文の位置が離れてしまったことにも注意を要する。「日本民法の契約に関するルールを挙げろ」といわれて521条以下のみを指摘したのではダメで、90条以下も契約に適用されることを忘れてはならない。

　ついでにいうなら「契約」も抽象的な概念である。実際の取引において行われている契約は、売買契約、賃貸借契約や委任契約等であり、「契約」という契約は存在しない。しかし、売買契約、賃貸借契約や委任契約には「契約」としての共通項があり、その共通する部分を規定したのが521条以下の「契約」である。もちろん共通しない部分もあり、例えば、売買契約のみに適用されるルールは555条以下に「売買」と題されて規定されている。「共通する部分はまとめて前に（＝条文の若い方に）規定する」というパンデクテン方式が徹底していることがわかるであろう。

［英米法］

　フランス民法やドイツ民法のほかに、近代的な民法のモデルとなったのは「英米法」である。言うまでもなく、イギリス、および、イギリスの伝統を受け継いだアメリカの法律であり、これに対して、フランスやドイツ

の法律を「大陸法」と呼ぶ。

英米法の大きな特徴は、「判例法主義」を採る点である。つまり、「第○条　○○のときは○○である」のように定式化された「制定法」を嫌い、何か問題が生じたときには、裁判所の先例である「判例」を参考にして解決する。「正義」とは一般的に定式化できるものではなく、その場の状況に応じて発見すべきであると意識されている。また、その内容も、大陸法とは異なる点が多い。

［日本民法の成立］

日本における民法の歴史は、もちろん、明治維新後になる。まずは、初代の司法卿である江藤新平が箕作麟祥に命じてフランス民法を翻訳させて日本の民法として採用しようとしたが、佐賀の乱で江藤が失脚してしまった。次には、明治の中頃になり、不平等条約の改正が問題となった際に日本の法律を整備する必要が生じ、再び、民法を制定しようとする動きが生じた。当時の不平等条約では日本の裁判権が制限されていたが、「日本は法律が整備されていないから外国人の権利を十分に保護することができない」というのが外国側の言い分だったのである。そこで、政府は、フランスからボアソナード（パリ大学の教授）を招いて、その指導の下に民法を起草した。当然ながら、これはフランス式の民法であった。この民法は明治23年（1890年）に帝国議会で可決されて法律として成立したが、しかし、その後になって批判が出て「民法典論争」が起こった。攻撃の対象となったのは、家族制度である。ボアソナードが導入しようとしたフランス流の家族制度は個人主義的色彩が強過ぎて、上下関係を重んじる我が国の風土に合わないと非難された。そこで、政府は、民法の施行を延期して民法を改正することとした。このような経緯で、ボアソナードの指導により作られた民法は、国会は通過したのに、結局一度も施行されずに終わってしまった。これを「旧民法」という。

この頃には日本人の法律学者も育っており、梅謙次郎・富井政章・穂積陳重らが中心となって民法改正に着手した。「改正」とはいうものの全面的な「書換え」であり、このときにドイツ式のパンデクテン体系が採用され、法律行為概念も導入された。まずは、財産に関するルールである前3編（総則・物権・債権）が明治29年（1896年）に成立した。そして、家族に関するルールについては、江戸時代の武家の慣習であった「家」制度（夫

であり父である「家長」が強い権限を有して家族をまとめていく制度）を参考にして後2編（親族・相続）が明治31年（1898年）に成立し、前3編と合わせて同年から施行されたのである。

［その後の発展──社会経済的弱者の保護］

　この民法が基本的には現在も通用しているのであるが、もちろん、何回も改正されている。まずは、賃借人の保護が問題となった。前述（4頁）したように、民法は、当事者が対等であることを前提にして（当事者の交渉によって成立した）合意を尊重する建前でできているが、しかし、権力的な関係がないとしても事実上の力関係の差が大きいことも多い。このようなときには、弱者は不利な契約でも応ぜざるを得ず、当事者間の合意は、自然と弱者に不利なものになりやすい。土地や建物の賃貸借においても、住宅事情が悪いときには（日本は慢性的に悪いが）借地人・借家人は「貸していただく」弱い立場にあるために、契約はとかく賃借人に不利になる。そこで、借地人や借家人を保護するために大正10年（1921年）に「借地法」や「借家法」が制定され、これらが、平成4年（1992年）に1本の法律にまとめられて「借地借家法」となった。次には、小作人保護が問題となり（小作人も地主に比べて弱い立場にある）昭和27年（1952年）に「農地法」が制定され、さらに、労働者保護のために「労働法」（これは法律の名前ではなく1つの分野である）も発達した。

　以上は特別法を制定することにより民法を実質的に改正した例であるが、民法自体の改正としては、戦後の家族法の大改正が重要である。前述したように戦前の家族法は「家」制度を基本としていたが、夫であり父である家長が当然に強い権限を有するのは、新しい憲法に規定された個人の尊厳（憲法13条）および両性の平等（同法14条）に合わない。同法24条2項が「法律は……制定されなければならない」という表現になっているのは、民法の改正を意識していたからである。なお、憲法24条2項を「裏返して」読めば、戦前の「家」制度がどのようなものであったか想像できる。つまり、配偶者の選択や住居の選定が自由ではなく、財産権や相続において両性が平等ではなかったのである。そこで、民法の後2編（親族・相続）が改正された。さらに、平成16年（2004年）に、民法は平仮名の口語体に改められた。民法全体にわたる大改正であるが、主に

文章を現代語化することを目的としたものであり、内容は、基本的には変更されていない。そして、平成29年（2017年）に、債権法（債権については後述12頁参照）が改正された。何か特定の目的のための改正ではなくて全体的な「見直し」であり、その分かなり大規模な改正となった。内容としては、判例で認められていたルールを条文化したり、世界的な傾向に合わせたりしており、本書で扱う民法総則の分野においては、錯誤規定（95条）や時効制度の改正が重要である。

　民法の改正を見ると、多くは、「社会経済的弱者」（法律上は対等ではあるが事実上の力関係に差があるときにこう呼ぶ）を保護するためのものであった。現代では、消費者保護が重要である。消費者は、業者に比べると情報量も劣るし交渉能力も低いので、消費者を保護する必要が生じる。消費者保護のために「割賦販売法」（昭和36年）、「訪問販売法」（昭和51年。ただし、平成12年に「特定商取引に関する法律（特定商取引法）」と改称）、「製造物責任法」（平成6年）や「消費者契約法」（平成12年）が制定されているが、未だ必ずしも十分ではない。

第2節●民法の構成

［条文の構成］

　まずは、民法の目次を見てみよう。第1編は「総則」と題されており、これが本書の主な対象となる。第2編は「物権」、第3編は「債権」という題であり、第4編は「親族」、第5編は「相続」である。民法とは「一般市民間の財産関係や家族関係を規制するルールである」と述べたが、第1編から第3編までが財産関係に関する部分であり、第4編および第5編が家族関係を扱う。前者（第1編から第3編まで）を「財産法」、後者（第4編および第5編）を「家族法」または「身分法」と呼ぶ。本書では、主に財産法が問題となる。

　第1編のタイトルである「総則」とは「一般的なルール」という意味である。前述（6頁）したように、パンデクテン体系による法律の場合には「一般論は前に（＝条文の若い方に）出す」という条文の構成をするので、

充実した総則を設けることが多い。さて、第2編や第3編の「物権」とか「債権」とは何だろうか。民法全体の体系にもかかわることなので、民法総則からは離れるが、やや詳しく説明しよう。

1⋯⋯⋯物権と債権

　一般論として、すべての権利が同じように保護されるわけではなく、社会的に重要な権利ほど厚く保護されるのは当然であろう。日本の民法は、特に重要な権利として厚く保護されるべきものを10種類指定して「物権」と名付け、これ以外を「債権」とした。

［物権および債権の概念］

①**物権**　物権とは「物に対する権利で、社会的に重要なものとして特に厚く保護される権利」をいう。具体的には、所有権とか地上権が物権に属する。

　所有権とは、ある物を使用・収益・処分する権利である（206条）。「収益」とは物を利用して利益を挙げることであり、畑を耕して作物を作るような場合を指す。「使用」の一形態ともいえるが、利益（作物）を得る点が特徴である。「処分」とは、ある物を売ったり（＝法律上の処分）壊したり（＝事実上の処分）することである。

　地上権とは、工作物等を所有するために他人の土地を使用する権利である（265条）。民法の立法者は、他人の土地を借りて建物を建築する場合を想定していたが（建物は自分（土地の借主）の所有物なので「工作物を所有するために他人の土地を使用する」場合に該当する）、実際には、他人の土地に建物を建てるときには賃借権を設定するのが一般的であり、地上権は余り利用されていない。

　さて、所有権も地上権も「物に対する権利」なので「物権」と呼ぶが、しかし、「物に対する」権利である点に物権の特徴があるのではなく、「特に厚く保護される」点が重要である。具体的にどのように保護されるのかについては、後述（13頁）する。

②**債権**　債権とは、要するに「物権以外の権利」であり、他人に対して何かを請求する権利である。例えば、売買契約を締結すれば、買主には「目的物を引き渡せ」という権利が発生し、売主には「代金を支払え」という

権利が生じるが（555条参照）、これらは債権である。また、不注意で交通事故を引き起こしたときには被害者には損害賠償請求権が発生するが（709条）、これも債権である。「なぜ債権なのか」と問われても困る。物権ではないから（何が物権かは法律で定められている（175条））債権なのである。

［物権と債権の違い］

さて、物権は債権に比べて特に厚く保護される権利であると述べたが、どのような点で厚く保護されているのであろうか。いろいろあるが、特に重要なのは、物権は「すべての人に対して主張できる」点である。

一般論としては、権利は、ある特定の者に対して主張できる。例えば、売買契約を締結すれば売主は「買主に対して」代金を請求できるし、また、不注意による交通事故があれば被害者は「加害者に対して」損害賠償を請求できる。しかし、物権は、すべての人に対して主張できる。例えば、Aがある土地の所有権を有するときには、Aは、Bに対してもCに対しても（＝要するにすべての人に対して）所有権を主張することができる（「物権はすべての人に対して主張することができる」という条文はないが当然の前提とされている）。要するに独占権である。そこで、物権のことを「絶対権」とか「対世権」とかいう。これに対して、債権は「相対権」または「対人権」である。

ある権利を物権とするか債権とするかは、その国の伝統や政策に基づくのであり、権利の内容とは必ずしも関係ない。例えば、賃借権は、日本では債権とされるが（賃貸人が賃貸物を売却した場合に賃借人は買主に対しては（原則として）賃借権を主張できない）、物権とする国（ドイツ）もある。

また、物権とは「物に対する権利である」と述べたが、これは偶然であり、たまたま、民法の理論が発達した時代（18世紀前後）には「特に重要なので絶対権としての保護に値する」と考えられた権利はほとんどが「物に対する権利」であったというだけである。例えば、特許権は「物」ではなく「アイディア」を利用する権利であるが、現代では、これも絶対権として保護されている。

2………物権の種類

［物権法定主義］

　前述のように、ある権利を物権とするか債権とするかは国の政策によって決まる。したがって、どのような権利を物権として保護するかは法律によって規定されることになっており（175条）、当事者が「これは物権ですよ」と合意しても物権として保護されるわけではない。これを「物権法定主義」という。

　そして、不動産上の物権については「登記」が整備されている。例えば、ある土地を買ったところ、その土地には既に（別の人のために）地上権が設定されていたとしよう。物権はすべての人に対して主張できるので地上権者は買主に対しても「その土地については私に利用する権利がある」と主張できることになるが、しかし、これでは買主は土地を利用できない。そこで、物権は登記することにすれば、土地を買うときには登記を確認すれば地上権等が設定されているか否かがわかるので、安心して不動産の取引ができるのである。

　さて、今の日本の民法では、以下の10種類（慣習上の権利である「譲渡担保」をも含めると11種類）の物権が認められている。

①**占有権**　「占有」とは物を事実上支配していることをいい（180条）、「所有」とは区別される。もちろん普通は所有者が占有しているが、例えば、Aが自転車を遺失してBが拾ったときには、所有者はAであるがBが占有している。そして、Bは、占有していたことを理由として一定の利益（188条以下）を認められ、この利益を「占有権」と呼ぶ。したがって、（180条以下の）占有権とは「占有する権利」ではないことに注意を要する（ただし「占有する権利」という意味で「占有権」という用語を使うこともある）。

　例えば、Aの自転車をBが拾って、タイヤを付け替えて乗っていたとしよう。自転車の返還を求められたらBは返還しなければならないが（Bには「占有する権利」はない）、しかし、タイヤを付け替えた費用をAに請求することが許される（196条）。これが占有権なのである。詳しくは、物権法のテキスト等で勉強してほしい。

②**所有権**　前述したが、ある物を使用・収益・処分する権利である（206条）。

③**地上権**　工作物等を所有するために他人の土地を使用する権利である（265条）。前述したように、他人の土地に建物を建てて（その建物を）所有する場合が想定されていた。

④**永小作権**　これも他人の土地を利用する権利であるが、耕作または牧畜のために利用する権利である点で地上権とは異なる（270条）。

⑤**地役権**　自分の土地を有効活用するために他人の土地を利用する権利である（280条）。例えば、Aの土地と公道との間にBの土地があるときには、Aは、Bの土地に「通行地役権」を設定してもらうと便利であろう。そして、これは、あくまでもAの土地を有効活用するための権利なので、Aが土地をCに売ったときには、通行地役権もオマケとしてCに移転する（281条1項）。

⑥**入会権**　慣習に基づく特殊な権利であり、民法には、これに関する条文は2つしかない（263条および294条）。ある山の麓に村があるときに、村の住民には「山から薪を採ってよい」という権利が慣習上認められていることがある。これを民法に取り入れようとしたが、地方によって慣習が異なるので、条文を作成することは困難であった。そこで、入会権に関して問題が生じたときには、まず慣習に従って解決することとし、慣習では解決できないときに（補充的に）民法の規定を適用することとされた。

［用益物権と担保物権］

　以上のうち③から⑥までは、他人の物（土地）を利用する権利であり、これらをまとめて「用益物権」という。これに対して、以下に挙げる物権は「担保物権」である。つまり、ある債権が存在することを前提として、その債権を担保する（＝確実に回収する）ための権利である。

⑦**留置権**　ある物を占有する者は、その物に関して生じた債権の弁済を受けるまでは、その物を留置することができる（295条）。例えば、Aが時計を時計屋Bに預けて修理させたときには、Bは、修理代金を払ってもらうまでは時計をAに返還しなくてよい。修理代金債権を確実に回収できるようにBを保護する趣旨である。

　物権とはすべての人に対して主張できる「絶対権」であるところ、留置権も物権なのですべての人に対して主張できる。例えば、上記の例でAが時計をCに売ったとしよ

う（Aの所有物なのでAがCに譲渡することはできる）。Cが「あの時計はAから買った」といってBに時計の引渡しを求めても、Bは、（Aが）修理代金を払うまでは、Cに対しても留置権を主張できる。

⑧**先取特権**　ある物について、他の債権者に優先して、債権の弁済を受ける権利である（303条）。これを「優先弁済権」という。優先して「弁済する」権利ではなく、優先して「弁済を受ける」権利である。例えば、Aの建物にB工務店が改装工事をした場合には、Bは、工事代金について、建物の上に先取特権を有する（325条2号・327条）。AがC銀行から融資を受けていたが返済できないとすると、C銀行は、この建物を差し押さえて競売するであろう。しかし、先取特権を有するB工務店の方がC銀行に優先して、競売代金の中から工事代金債権の弁済を受けることができる。

⑨**質権**　Aが時計をBに質入して金を借りたときには、Bは、借金を返済してもらうまでは時計を占有することができるし（＝Aに返還する必要はない）、さらに、時計について優先弁済権（前述）を有する（342条）。

　なお、質入れするのは必ずしもAの時計である必要はなく、例えば、AがCに頼んで、Cの時計をBに質入れして金を借りることもできる（なお、これはBとCとの契約である）。Aが借金を返せなかったときには、Bは（Cの）時計を換金して（Aの）借金に充てることになる。Cが借金を返済する義務を負うわけではないが、Cの立場は保証人（446条）に似ているので「物上保証人」という。抵当権等でも、同様に、物上保証人が考えられる。

⑩**抵当権**　AがB銀行から融資を受けて土地および建物に抵当権を設定したときには、B銀行は、この不動産について優先弁済権を有する（369条1項）。「占有を移転しないで」設定するのであるから、質権を設定した場合とは異なり、B銀行は不動産を占有しない。Aは、引き続きその土地および建物に住むことができる（もちろんAが貸金を返済できずにB銀行が抵当権を実行したときにはAは立ち退かなくてはならない）。抵当権は、不動産にしか設定することができない（369条1項に明言してある）。

⑪**譲渡担保**　慣習によって認められている担保権であり、民法に条文はない。要するに「担保のために譲渡する」ということであり、例えば、AがBから金を借りて、この債権を担保するために自動車をBに譲渡する場

合が考えられる。「譲渡」であるから所有権は一時的に（＝借金を返済するまでは）Bに移転する。しかし、あくまでも「担保のための」譲渡であるから、「Aは（当面は）引き続き自動車に乗っていてよい」と合意するのが普通である。そして、万一Aが借金を返済できなかったときには、Bは、所有権を主張して「それは俺の自動車だ」といって自動車を取り上げるのである。他方、Aが返済すれば、もちろん自動車の所有権はAに戻る。

　以上の担保物権のうち⑨から⑪までは、当事者間の契約によって発生する担保物権であり「約定担保物権」という。これに対して、⑦と⑧の場合には、「留置権を設定しましょう」とか「先取特権を設定しましょう」という契約はない。「時計を修理した」または「改装工事をした」という事実から当然に発生する担保物権であり、「法定担保物権」と呼ぶ。

　また、⑦および⑨の場合には、債権者が担保目的物を占有している。つまり、債権者が債務者から物を取り上げて、債権を弁済するように心理的な圧力をかけている。これに対して、⑧、⑩および⑪の場合には、債権者は物を取り上げない。担保権を実行するまでは、引き続き債務者が目的物を利用してよい。このように、「取り上げる」タイプの担保物権と「取り上げない」タイプの担保物権があることに注意してほしい。

3………債権の種類

［債権発生原因］

　次に、債権の種類を見よう。物権は10種類（または11種類）に分けられていたが、これは権利の「内容」に注目した分類であった。債権を分類する場合には、「どのような場合に債権が発生するか」（「債権発生原因」という）に従って4つに分類する。

①**契約**　例えば、Aの物をBに売る旨の契約を締結すれば、買主（B）に目的物引渡請求権が発生するし、売主（A）に代金請求権が発生する。

②**事務管理**　義務もないのに他人の事務を管理することであり（697条参照）、具体例としては、意識を失って道端に倒れている人のために医者を呼んでやるような場合が挙げられる。倒れている他人のために医者を呼ぶ義務は（道徳的にはともかく）法律的にはない。しかし、鬼のような人間

でもない限り、普通は医者を呼ぶだろう。これを「事務管理」という。このときには、697条1項によれば本人の利益に適うように事務管理をする義務があるし（歯医者を呼んでも意味がない）、その代わり、後から費用を請求することができる（702条1項）。

③**不当利得**　法律上の理由がないのに利益を得ることであり、このような利益は返還しなければならない（703条）。例えば、AがBから借金をしていたが、これを返済しようと思って、誤って同姓同名の別人B′に送金したような場合を考えよう。別の人に送金したAも不注意ではあるが、しかし、B′には、それを受け取る理由はない。したがって、Aは、B′に対してその金の返還を求めることができる。これを「不当利得」の返還という。

　なお、当初は受け取る理由があったのに、後から、理由がなくなることもある。例えば、AがBから物を買って代金を支払った後に売買契約が取り消されて無効となったような場合であり、このときにも、AはBに代金の返還を求めることができる（もちろんAも買った物を返さなければならない）（121条の2）。

④**不法行為**　故意または過失によって他人の権利（または利益）を侵害することであり、このときには損害を賠償しなければならない（709条）。「故意」とは「意図的」という意味であり、「過失」とは「（意図的ではないが）不注意だった」ということである。例えば、わき見運転をしたために交通事故を起こして他人にケガをさせた者は、意図してケガをさせたわけではないので故意はない。しかし、わき見運転は明らかに不注意なので、過失による不法行為として、被害者に対して損害賠償責任を負う。

　［契約の種類］

　以上の債権発生原因のうち、法律行為であるのは契約だけである。つまり、法律行為とは前述（7頁）したように「当事者が意図的に権利や義務を発生させる行為」であるところ、以上のうちでは契約のみが、意図的に権利や義務を発生させる制度なのである。したがって、契約は、取引社会においては非常に重要な役割を果たす。それでは、民法にはどのような契約が規定されているのか見てみよう（549条以下）。

①**贈与契約**　他人に無償で物を与える契約である（549条）。

②**売買契約**　物を売る契約である（555条）。取引において、これが特に重要なのは言うまでもない。

③**交換契約**　物と物とを交換する契約であるが（586条）、現実には余り行われない。

④**消費貸借契約**　金銭等を貸す契約である（587条および587条の２）。金銭等の貸借と自転車等の貸借とでは異なる。自転車の場合には、借りた自転車を使用した後「その」自転車を返還するのであるが、金銭の場合には、借りた貨幣は使ってしまうので「別の」貨幣で返還すればよい。「消費」貸借と呼ばれる所以である。

⑤**使用貸借契約**　物を無償で貸す契約である（593条）。

⑥**賃貸借契約**　物を有償で貸す契約である（601条）。土地や建物等の不動産を貸す場合もあるし、自動車等の動産を貸すこともある。居住のための不動産賃貸については、借地借家法（前述10頁）という特別法があることに注意を要する。

⑦**雇用契約**　労働に従事する契約である（623条）。もっとも、雇用関係については労働法が適用されるので、民法623条以下の意義は余り大きくない。

⑧**請負契約**　あるまとまった仕事を完成させる契約である（632条）。建築請負契約などを考えればよい。

⑨**委任契約**　民法では「法律行為をすることを委託する契約」とされている（643条）。ある者に対して「自分のために（＝自分に代わって）法律行為をして下さい」と依頼することであるから、つまり「私の代理人になって下さい」と頼む契約であると理解してよい。例えば、「弁護士に訴訟を頼む」とは「自分に代わって裁判所で主張をしたり証拠を提出したりする（これは「訴訟行為」という一種の法律行為である）ことを頼む」（訴訟代理）という意味なので、これも委任契約である。しかし、「法律行為の委託」だけではなく、「事務を委託」する場合には委任契約に関する条文が準用されるので（656条）、結局、委任契約とは「他人に事務を任せる契約」であると理解してよい。そして、ここでの「事務」とはデスク・ワークに限られない。例えば、医者に治療を頼むのも委任契約であると解釈されている。しかし、この「事務」は（ある程度）専門的な仕事を指すので、雇用契約とは違う。

⑩**寄託契約**　物を預かって保管する契約である（657条）。「貸す」と「預ける」とは区別される。ＡがＢに自転車を「貸す」のはＢの利益のため（Ｂが自転車に乗りたいから）であるが、ＡがＢに自転車を「預ける」のはＡの利益のため（Ａの家が手狭になって自転車の置場がなくなったから）である。

⑪**組合契約**　みんなで出資をして共同で事業をする契約である（667条）。

⑫**終身定期金契約**　死ぬまで定期に（＝「毎月いくら」というように）金銭等を渡す契約である（689条）。個人年金のようなものを考えればよい。

⑬**和解契約**　お互いに譲り合って争いを止める契約である（695条）。

　以上13種類の契約を（無理を承知で）あえて分類するなら、①から③までが「与える契約」、④から⑥までが「貸す契約」、⑦以降は「何かをする契約」となろうか。もっとも「与える」も「貸す」も「何かをする」に含まれるから、最後の分類項目は要するに「その他」である。

　しかし、物権の場合とは異なり、契約の種類は以上に限られるわけではない。つまり、物権とは第三者にも主張できる絶対権であるだけに「何を物権として保護するか」は国家が決めるべきこととされているが（物権法定主義）、契約は当事者間での合意に過ぎないので、以上の13種類とは異なる契約をしてもかまわない。民法は「取引上よく行われるであろう」と思われる契約について規定しただけであり、これらを「典型契約（または有名契約）」という。当事者間の合意によってこれと異なる契約をした場合には、「非典型契約（または無名契約）」と呼ぶ。

第1章 ● 人

　序（5頁）で述べたように民法（財産法）とは財産取引に関する一般的な法律であるところ、財産取引に関するルールは、大きくは、「財産取引をする者」に関するルール、「取引される財産」に関するルール、および、「財産取引の取引内容」に関するルールに三分することができる。第1章においては「誰が取引をするのか」に関するルールが扱われており、「能力者制度」、「不在者財産管理制度」および「同時死亡の推定」について規定されている。能力者制度では「財産取引をすることが認められるのはどのような者か」が問題とされ、例えば、未成年者が取引をすることは制限される。また、不在者財産管理制度とは、誰かが行方不明になったときにその財産を管理する制度であり、さらに、同時死亡の推定とは、複数の者が死亡したが死亡の先後が不明であるときに同時に死亡したものと推定する制度である（これは相続で意味がある）。

第1節●能力者制度

　どのような者に財産取引が認められるのかに関するルールであり、この第1節では「権利能力」、「行為能力」および「意思能力」という概念を覚えてほしい。

1⋯⋯⋯権利能力

[権利能力]

　「権利能力」とは、「権利を有し義務を負う能力」である。もっとも、ここでの「能力」とは、ある者が権利を有し義務を負うことが「（現実に）できるか」という意味ではなく、ある者が権利を有し義務を負うことが「（法により）認められるか」というニュアンスであり「資格」という意味に近い。例えば、「私は運転免許を持っていないから運転できない」というときに

は「運転する技術がない」という意味ではなく「運転することが認められない」という意味である。また、民法で問題となる「権利」とは、選挙権のような（公法上の）「公権」ではなくて「私権（財産権）」なのであるから、結局、権利能力とは「財産を所有する資格」と言い換えてもよい。3条によれば、すべての者は、人間として出生すれば権利能力を有する。なお、「権利能力」という語は民法の条文にはないことに注意を要する（第2章第1節のタイトルは「権利能力」である）。

　「すべての者に権利能力がある」なんて当然のように思われるかもしれないが、序（6頁）で述べたように、近代的な民法はフランス民法に由来する「革命の産物」であることを思い出してほしい。この時に初めて身分の差別がない平等な社会ができたのであり、それ以前の身分制社会においては、権利能力は身分に応じて区別されていた。例えば、奴隷制社会においては、奴隷には財産を所有する資格は認められず、むしろ、自分が財産として取引される立場にあった。身分による差別のない社会は近代になって初めて成立したので、近代的な民法においては（フランス民法以外でも）「すべての者に平等に権利能力がある」と宣言するのが普通なのである。

　もっとも、権利能力とは「財産を所有する資格」であり、現実に財産を所有しているとは限らない。出生したばかりの幼児は、財産など所有していないであろう。ただ、出生したばかりの幼児でも、例えば、父親が死亡すれば財産を相続する。もし、幼児には権利能力がないとすれば相続もできないことになるが、日本の民法は幼児にも権利能力を認めているので相続できるのである。ただし、父親の財産を相続しても、幼児は自分では財産を管理することはできまい。もちろん母親が管理するのである（後述する行為能力制度の問題である）。これでわかるように、「所有」と「管理」とは区別される。所有とは、法律上その者に「帰属」するということであり、現実に「管理」していることは必要ではない。もちろん通常は所有者が管理するが、例外的に、他人が管理することもあり、例えば、未成年者の所有する財産は親権者が管理するのである。

［胎児についての例外］

　出生すれば権利能力が認められるが、逆に言えば、胎児には権利能力はない。しかし、例外が3つある。

①損害賠償（721条）　序（18頁）で述べたように、故意または過失によって他人の権利（または利益）を侵害した場合には、加害者は被害者に対して損害を賠償しなければならない（709条）。これを「不法行為」という。

例えば、自動車事故によって人を死なせた場合には、遺族に対して損害を賠償しなければならない。しかし、自動車事故によって夫が死んだ場合に、妻は加害者に対して損害賠償を請求できるが、妻のお腹の中にいる胎児は請求できないのだろうか。「胎児には権利能力はない」という原則からは損害賠償請求できないことになりそうだが、それでは子ども（胎児）が気の毒なので、721条は、例外的に、損害賠償については胎児も既に生まれたものとみなすと規定した。

　しかし、実際には、どのようにして胎児が権利を行使するのであろうか。胎児が出生した後なら親権者（母親）が子どもの代理人として損害賠償を請求すればよい（824条）。しかし、出生する前における権利行使の方法については規定がなく、過去に、大審院は、胎児の親族が胎児を代理して締結した契約を無効としたことがある（大判昭和7年10月6日民集11巻2023頁。鉄道事故によって父親が死亡した後に父親の実父が（胎児の分も含めて）示談をしたが、示談の効力は子どもには及ばないとされた）。理論的には「胎児は出生すれば（胎児であった時に）遡って権利能力を取得する」という考え方を前提にしており、また、実際的には胎児の利益の保護を考えたのであろう（生まれる前に誰かが胎児の権利を行使するのでは胎児が気の毒であるともいえる）。しかし、この考え方によると胎児が出生するまで示談できないことになるが、これでは不便ではなかろうか。しかも、母親が代理人となるのであれば、胎児の利益を害することもないであろう（出生後ならもちろん母親が代理人となるのだから）。

②**相続（886条）**　886条によれば、相続についても、胎児は既に生れたものとみなされる。したがって、夫が死亡した場合、妻だけではなく、妻のお腹の中にいる胎児も相続できることになる（相続分はそれぞれ2分の1ずつである（900条1号））。もっとも、この場合も、出生する前においては、どのように権利行使するのか明らかではない。

③**遺贈（965条）**　上記の886条は（965条により）遺贈についても準用されているので、遺贈についても胎児は既に生れたものとみなされる。「遺贈」とは遺言によって財産を贈与することであるが（964条）、例えば、Aが、親友であるBのお腹の中にいる胎児に財産を遺贈したいとしよう。しかし、胎児に権利能力がないとすると、遺贈は不可能であり実際に出生するまで待たなければならないことになるが、Aは遺言をするくらいなのだから先がないのであろう。そこで、965条は、胎児に遺贈することも認

めたのである。

［外国人の権利能力］

　外国人は、法令や条約で制限されていない限りは、権利能力を認められる（3条2項）。法令による制限の例としては、外国人土地法1条以下や特許法25条等が挙げられる。なお、これらの法律では「相手の国が日本人に権利能力を認めるなら、こちらも相手の国の者に権利能力を認める」という規制がされていることが多い。これを「相互主義」という。

2………行為能力

［行為能力］

　「行為能力」とは、「法律行為をする能力」である。法律行為とは、すでに序（7頁）で述べたことだが、「意図的に権利や義務を発生させる行為」である。「契約」が法律行為の典型例であり、例えば、Aの所有物をBに売買する旨の契約を締結すれば、Aは、売買の対象となった物（売買の「目的物」という）の所有権をBに移転する義務を負う（555条参照）。このように、自分の所有物を取引するときには、法律行為をするのが普通である。したがって、行為能力とは「財産を取引する資格」であると言い換えることができる。

　通常は権利能力があれば行為能力も認められるのであり、「財産を所有することは認めるが取引することは認めない」などというのは矛盾であろう。しかし、例外的に一定の者（未成年者、成年被後見人、被保佐人および被補助人）については行為能力が制限され、この制限に反して取引した場合には、法律行為を取り消すことができることとされた。未成年者等は無知や未経験等のために不利な契約をするかもしれないし、また、そこにつけ込む悪い奴が出てくる可能性があるからである。「行為能力を制限する」というと否定的なニュアンスを感じるかもしれないが、自分のした法律行為を取り消すことができるとは、つまり自分のした取引に拘束されないという意味であるから、未成年者等を保護する趣旨である。行為能力制度は、すべての者に権利能力を認めることの反面であるともいえる。すべての者に権利能力を認めたために、幼児等現実には財産を取引できない者をどう保護するかが問題となったのである。

(1)　行為能力の制限①——未成年者

［未成年者］

　18歳に達しない者は未成年者とされ（4条）、5条によれば、未成年者が法律行為をする際には法定代理人の同意が必要である。同意を得ないで法律行為をした場合には、後から取り消すことができる（5条2項）。

　「法定代理人」とは、特に代理人となる契約をしなくても、法律の条文により当然に代理権が与えられる者である。未成年者の場合には「親権者」が法定代理人となるが（824条）、親権者がいない場合（親が死亡したとき等）には家庭裁判所によって「後見人」が選任されて（838条1号）法定代理人となる（859条）。なお、「家庭裁判所」とは家族関係の紛争等について裁判や審判や調停をする特別の裁判所であり、その権限は家事事件手続法および人事訴訟法に定められている。

　「代理」とは、第5章で詳しく勉強するが、ある者の代わりに別の者が法律行為をすることである。例えば、「Aを代理して」BがCから物を買った場合には、Aが目的物を取得し、CはAに対して代金を請求することになる（99条）。この場合にAを「本人」と呼び、Bを「代理人」という。

　もちろん、Aを代理する権限（「代理権」）がBにあることが前提である。通常は、AがBに「私（A）の代理人となって法律行為をして下さい」と頼む（643条）。これを、当事者が任意に代理権を発生させたという意味で「任意代理」という。しかし、このような契約がなくとも、法律の条文によって当然に代理権が認められることもあり、これが「法定代理」である。以下に述べるように、親権者には未成年者を代理する権限が認められるが、法律上当然に代理権が認められるのであり、未成年者が親に「私の代理人になって下さい」と頼んだわけではない。

［親権］

　さて、未成年者は親が保護するべきであるが、その際の親の権限を「親権」という。親権の内容は820条以下に規定されているが、概括すれば以下のようになる。

①監護・教育権（820条から823条まで）

②財産管理権および代理権（824条）　未成年者の財産は親権者が管理するべきであるが、その財産管理の一環として代理権も認められる。例えば、未成年者が不動産を所有しているところ、不動産の値が下がっているとしよう。このようなときには不動産

を売却して現金にして運用するべきであるので、親権者には、未成年者の代理人として不動産を売却する権限がないと困るのである。

③**同意権（5条1項）**　例えば、未成年者が自転車を買いたいときには、あらかじめ親権者の同意を得ることが必要とされており、同意がなかった場合には、後から法律行為を取り消すことができることになっている（5条2項）。

同意と代理は区別してほしい。親権者が未成年者を代理して不動産を売却する場合には、不動産屋へ行くのは親権者である。5条の場合は自転車屋へ行くのは未成年者自身であるが、あらかじめ「自転車を買っていい？」と親に断らなければならないという趣旨である。

未成年者自身に対して同意するのが普通であろうが、相手方（上の例では自転車屋）に対して「息子が自転車を買いに行きますが、私の同意があってのことですから」と言ってもよいと解されている。

［取り消した場合］

同意がなかった場合には法律行為を取り消すことが許される（5条2項）。未成年者が取り消してもよいが、法定代理人も取り消すことができる（120条1項）。未成年者自身は自転車が欲しくて買ったのであるから、取り消さないと思われる。実際には親が取り消すことが多いのであろう。

取り消すと契約は初めから無効であったことになる（121条）。したがって、取消しの前に商品や代金を受け取っていたときには、商品や代金を返還しなければならない。ただし、未成年者は、現に利益を受けている限度（「現存利益」という）で返還すればよい（121条の2第3項）。例えば、金銭を受け取ったが、取消し前に既に浪費してしまった場合には返還する必要はない。もっとも、金銭を生活費として使った場合には、もとから持っていた財産が減少しないで済んだのだから利益は現存している（つまり返還しなければならない）とした判決がある（大判昭和7年10月26日民集11巻1920頁）。浪費した場合には返還しなくともよいが、生活費として使った場合には返還しなければならないことになる。不自然なようだが、生活費はいずれ支出しなければならないのに対して、例えば賭博などは「たまたま金が入ったから遊んだ」ということがあり得るからである。

なお、未成年者が親の同意なしに自転車を売ったところ、買主が自転車をさらに別の者に転売したとしよう。未成年者（または親）が売買契約を取り消したときに、未成年者は、買主から自転車を買った者（「転得者」と

いう）に対して自転車の返還を要求できるのであろうか。このような「第三者」を保護する制度については、後述（174頁）する。

［未成年者の行為能力の制限の例外］

例外①　単に権利を取得し、または、義務を免れる行為は例外とされる（5条1項ただし書）。例えば、「100万円あげよう」と言われて受け取る場合である。このときには未成年者自身には何の不利益もないので、法定代理人の同意が必要であるとする意味がないからである。

例外②　法定代理人が目的を定めて処分を許した財産、および、目的を定めないで処分を許した財産を処分する場合も例外である（5条3項）。「目的を定めて処分を許した財産」とは、例えば学費として金銭を渡した場合を指し、また、「目的を定めないで処分を許した財産」とは、いわゆる「小遣い」のことである。

例外③　未成年者が商売をするには親権者の許可が必要であるが（823条）、この許可が与えられた場合には、その営業に必要な範囲内では成年者と同一の行為能力を有する（6条）。つまり、法定代理人の同意がなくとも、取引をすることが許される。

(2)　行為能力の制限②――成年被後見人

［後見開始の審判］

　精神病などにより「事理を弁識する能力」を欠く「常況」にある者については、家庭裁判所によって「後見開始の審判」がされ（7条）、さらに、その旨の登記もされて（後見登記等に関する法律）「成年後見人」が付けられる（8条）。後見される者（つまり精神病等のために保護が必要な者）を「成年被後見人」というが（8条）、成年被後見人の行為は取り消すことができる（9条）。

　したがって、日本の民法では「後見」は2通りの使われ方がされている。まずは、前述のように、親の死亡等により親権者がいない未成年者を保護する制度として使われる（838条1号）。第2には、精神病等により財産取引をする精神的能力を欠く者を保護するためにも使われる（同条2号）。前者を「未成年後見」といい、後者は、（主に）成年者を対象とするので「成年後見」と呼ばれる。

　事理弁識能力とは「冷静に損得を判断して取引する能力」と考えてよい。

また、事理弁識能力を欠く「常況」とは、精神病等のために日常的に事理弁識能力がないことを指し、偶然、一時的に事理弁識能力が失われた場合は含まれない。逆に、常に（＝1日24時間）事理弁識能力がない場合に限られるわけではなく、大部分の時間において事理弁識能力がないという程度でよい。

　なお、精神病等が治って事理弁識能力が回復したときには、もちろん後見開始の審判は取り消される（10条）。

［成年後見］

　成年後見人は家庭裁判所により選任されるが（843条1項）、自分が精神病等に罹った場合に備えてあらかじめ選んでおくこともできる（任意後見契約に関する法律）。成年後見人の職務は853条以下に規定されているが、重要なものを挙げれば以下の通りである。

①**療養看護に関する事務（858条参照）**
②**財産管理および代理（859条）**

　未成年者の場合とは異なり「同意権」はないことに注意を要する（続けて説明する）。

［取り消した場合］

　さて、成年被後見人の行為は取り消すことができるが（9条）、未成年者の場合とは異なり、成年後見人の（事前の）同意があったときでも取り消すことができる。仮に成年後見人の同意があっても、成年被後見人が自分で法律行為をすることは好ましくなく、成年後見人が（成年被後見人を）代理して法律行為をするべきなのである。ただし、日用品の購入のような日常生活に関する法律行為は例外とされた（同条ただし書）。

　成年被後見人だけではなく成年後見人も取り消すことができる（120条1項）。取り消した場合の効果については、未成年者について述べたところとほぼ同じである。

(3)　行為能力の制限③——被保佐人

［保佐開始の審判］

　精神病などのために事理弁識能力が著しく不十分な者については、家庭

裁判所によって「保佐開始の審判」がされて（11条）、「保佐人」が付けられる（12条）。保佐される者を「被保佐人」というが（12条）、被保佐人がある一定の法律行為をする際には保佐人の同意が必要である（13条1項および2項）。同意を得ないで法律行為をした場合には取り消すことができる（同条4項）。

　後見の場合には事理弁識能力を「欠く」常況であることが必要とされたが、保佐の場合は、事理弁識能力が「著しく不十分」であれば保佐開始の審判がされる。要するに「程度の差」である。

　また、精神病等が治れば、もちろん保佐開始の審判は取り消される（14条）。

［保佐］

　保佐人は家庭裁判所により選任されるが（876条の2第1項）、その主な権限は以下の通りである。

①代理権（876条の4第1項）　家庭裁判所は、ある特定の法律行為（例えば、「不動産取引」などと指定して）について保佐人に代理権を与えることができる。

②同意権（13条1項および2項）　被保佐人が、13条1項に列挙されている行為をする際には保佐人の同意が必要である。ただし、日常生活に関する行為は例外とされる（同条1項ただし書）。13条1項には、保佐人の同意が必要とされるべき重要な法律行為が挙げられている。すべてについて解説するのは煩瑣なので、ここでは項目のみ挙げておこう。詳しくはコンメンタール等で調べて欲しい。

　　①元本を領収し、または、利用すること

　　②借財または保証をすること

　　③不動産や重要な動産に関する権利の得喪を目的とする契約をすること

　　④訴訟をすること　民事訴訟法32条にも注意を要する。

　　⑤贈与、和解または仲裁契約をすること

　　⑥相続の承認や放棄、遺産の分割をすること

　　⑦贈与や遺贈を拒絶したり、負担付の贈与や遺贈を受諾すること

　　⑧新築、改築、増築または大修繕をすること　これは「新築、改築、増築または大修繕をする旨の『契約を締結』すること」と解釈されている（新築等そのものは法律行為ではない）。

　　⑨ある一定期間（602条参照）を超える長期の賃貸借をすること

⑩これらの行為を制限行為能力者の法定代理人としてすること

　また、これ（13条１項に列挙されているもの）以外にも、家庭裁判所の判断によって、ある種の取引については保佐人の同意が必要であるとすることができる（同条２項）。13条１項または２項によって保佐人の同意が必要とされているにもかかわらず、同意なしに被保佐人が法律行為をした場合には、その行為を取り消すことができる（同条４項）。

(4)　行為能力の制限④——被補助人

［補助開始の審判］

　精神病などのために事理弁識能力が「不十分」な者については、家庭裁判所によって「補助開始の審判」がされて（15条）、「補助人」が付けられる（16条）。補助される者を「被補助人」というが（16条）、家庭裁判所は、被補助人が特定の法律行為（例えば、「不動産取引」などと指定して）をする際には補助人の同意が必要である旨の審判をすることができる（17条１項）。同意を得ないで被補助人が行為をした場合には取り消すことができる（同条４項）。

　保佐の場合には事理弁識能力が「著しく不十分」なことが必要とされたが、補助の場合は、事理弁識能力が「不十分」であれば補助開始の審判がされる。これも「程度の差」であるが、似たような制度が（程度を変えただけで）３つも羅列されているので読者は戸惑うかもしれない。補助は平成11年に新設された制度であるが、このときには、高齢化社会に対応するために法改正された。したがって、ここでの「事理弁識能力が不十分」とは「軽度の認知症」程度と考えてよい。この程度なので、補助開始の審判をするには本人の同意が必要であるとされている（15条２項）。

　また、精神病等が治れば、もちろん補助開始の審判は取り消される（18条）。

［補助］

　補助人は家庭裁判所により選任されるが（876条の７第１項）、その主な権限は以下の通りである。
①**代理権（876条の９第１項）**　家庭裁判所は、ある特定の法律行為（例えば、「不動産取引」などと指定して）について補助人に代理権を与えることがで

きる。

②**同意権（17条）** 上記のように、家庭裁判所は、被補助人がある特定の法律行為をする際には補助人の同意が必要である旨の審判をすることができる（17条１項）。ただし、この行為は、13条１項に列挙されたものの一部でなければならない（17条１項ただし書）。そして、同意なしに被補助人が法律行為をした場合には、その行為を取り消すことができる（同条４項）。

(5) その他（催告権等）

［催告権］

以上の４つの場合（未成年、後見、保佐および補助）には行為能力が制限され、制限に反して法律行為をした場合には取り消すことができるが、もちろん、取り消さないでもよい（取り消す義務があるわけではない）。すると、相手方は、取り消されるか否かがわからない不安定な立場になるので、20条のような制度が作られた。

まず、20条１項によれば、未成年者等の制限行為能力者と取引をした者は、制限行為能力者が行為能力者となった後（例えば、未成年者が成人した場合など）には、１ヶ月以上の期間を定めて、その期間内に行為を追認するか否かを確答するように催告することができる（同条１項１文）。そして、この期間内に返事がなければ行為を追認したものとみなされる（同条１項２文）。確答するように催告することができるのは当然であり、これだけなら20条など必要ではない。期間内に返事がなければ追認したものとみなされる点に20条１項の意義があり、期間が経過すれば、返事があろうがなかろうが、法律関係は確定するのである。

制限行為能力者が未だ行為能力者とならない間は、法定代理人、保佐人または補助人に対して催告をすればよい（20条２項）。また、被保佐人や被補助人の場合には、本人（つまり被保佐人や被補助人）に対して、一定期間内に保佐人や補助人の追認を得るように催告をすることもできる。このとき（被保佐人や被補助人に対して催告をしたとき）には、期間内に追認を得られなければ、取り消したものとみなされる（同条４項）。

［詐術］

制限行為能力者が、「自分（制限行為能力者）には行為能力がある」と相手方を騙して取引をした場合には、取り消すことは認められない（21条）。

「法定代理人も同意している」と偽った場合も含まれると解釈されている。このような者は保護に値しないからである。

ただし、自分の行為能力が制限されていることを黙っていただけでは21条は適用されない（最判昭和44年2月13日民集23巻2号291頁）。そうでないと、取引をする度に「自分は行為能力が制限されていますよ」と断らなければ取消しは認められないことになってしまうが、これでは行為能力者制度の意味がない。

したがって、ただ（行為能力が制限されていることを）黙っていただけではなく、「積極的に相手方を誤解させようとした」という「＋a」がなければ詐欺にはならない。もっとも、この「a」は緩和される傾向にあり、例えば、「自分は相当の資産信用を有するから安心せよ」と言った場合に詐術に当たるとされた事件もある（大判昭和8年1月31日民集12巻24頁）。行為能力を制限されていても財産を「所有」することには何らの制限もないのだから、「相当の資産信用を有する」自体はウソではない。しかし、このような発言によって、取引をしても大丈夫（後から取り消されるようなことはない）という誤解を相手に与えているのである。

［遺言には不適用］

なお、これまで説明してきた行為能力者制度は、遺言には適用されない（962条、なお961条も参照）。遺言は、通常の「取引」とは性格が異なり、なるべく本人の意思を尊重するべきとされている。したがって、法定代理人等が、本人の意思に反して遺言を取り消したりすることは好ましくない。

これでもわかるように、法律行為とは「当事者が意図的に権利や義務を発生させる行為であり、契約や遺言が典型例である」と定義したにもかかわらず、実は、契約と遺言とはかなり性格が異なり、これを一括りにすることには無理がある。この問題については、改めて後述（139頁）する。

3………意思能力

［意思能力］

「意思能力」とは、「意思決定をする能力」である。ここでの「意思決定」とは、もちろん財産取引をする際の意思決定のことであり、また、ここでも、「能力」とは、「（現実に）意思決定をすることができるか」とい

うよりは「意思決定をすることが（法により）認められるか」というニュアンスの方が強い。精神病等により一時的に冷静な判断能力を失った者には意思能力は認められず、このときには、法律行為は（取消しをしなくとも）無効とされる（3条の2）。

　さて、行為能力とは法律行為をする能力であり「財産を取引する資格」と言い換えることもできるところ（前述24頁）、意思能力も、財産取引に必要な意思決定をする資格なので、行為能力と意思能力とは非常に似ている。しかし、行為能力の有無は形式的に判断される（未成年か否か、後見開始の審判を受けているか否か等）が、これでは、精神病などのために事理を弁識する能力はないが未だ後見開始の審判を受けていない者や「一時的に」精神的能力を失って取引をした者を保護することができない（一時的に能力を失った程度では後見開始の審判はされない）。そこで、意思能力という制度が必要なのである。

　行為能力との違いを、以下にまとめておこう。

　　①行為能力の有無は形式的に判断されるが（未成年か否か、後見開始の審判を受けているか否か等）、意思能力の有無は、法律行為をした際の具体的な状況を考慮して（裁判官が）判断する。

　　②行為能力が制限されている者が制限に反して法律行為をした場合には、後から法律行為を取り消すことが認められるが、意思能力がない者がした法律行為は、取消しをしなくとも無効である。

　[問題1]
　1．後見開始の審判を受けている者（被後見人）が、たまたま、精神状態が正常であった時に法律行為をしたとする。この行為は有効か。
　2．後見開始の審判を受けている者（被後見人）が、実際にも、取引をできるような精神状態ではない時に法律行為をしたとする。この行為は有効か。
　[解説]
　1．小問1の場合には、行為能力は制限されているが、意思能力はある。このような場合でも9条が適用され、後から法律行為を取り消すことができると解釈されている。確かに、取引の際に意思能力はあったのだから本人を保護する必要などないともいえる。しかし、形式的

で明確なのが行為能力制度の利点なのだから、後見開始の審判を受けているときには（仮に精神的能力があったとしても）取消しを認めた方がハッキリしてよい。

2．**小問2**の場合には、行為能力が制限されていて、しかも、意思能力もない。行為能力が制限されているときには法律行為を取り消すことができるし、また、意思能力がなかったときには法律行為は無効となるわけだが、さて、どちらにも該当するときには、取消しと無効のどちらを主張するべきなのだろうか。

論理的に考えるなら、取消しとは行為が（一応は）有効であることを前提とするので、「無効な行為を取り消す」などということはあり得ない。この考え方に従うなら、まず意思能力の有無を判断すべきであり、意思能力がないなら法律行為は無効となる。そして、意思能力があるときに限って行為能力制度が適用されることになろう。したがって、**小問2**でも法律行為は無効なので、これを取り消す余地はないことになる。

しかし、現在では、ここまで堅苦しく考えることはないと解釈されている。「無効」とは、法律行為が「存在しない」ということではなく、客観的には存在する法律行為についての法律的な評価（＝法的効果を認めない）なのだから、「『ない』ものを取り消すなどというのは背理である」とまでいう必要はない。裁判の場において、意思能力がなかったことを証明して行為が無効である旨を主張しても、あるいは、行為能力が制限されていたことを証明して行為を取り消しても、どちらを選択してもよい。

もっとも、意思能力がなかったことが証明されれば行為は無効であり取り消す必要はないのだから、意思能力がなかったことを証明する方が楽であるように思われるかもしれない。しかし、行為能力の有無は形式的に判断される（未成年か否か、後見開始の審判を受けているか否か等）のだから、行為能力がなかった旨の証明の方が、意思能力がなかった旨の証明よりも容易なことが多いであろう（「契約当時私は精神病のために判断能力を失っていました」などということを証明できるだろうか）。したがって、どちらを主張するかは、当事者の選択に委ねてよい。

なお、このように、同一の事件に２つ以上の制度が適用され、しか
も、どちらの制度を適用するかで結論が異なってくる場合が結構ある。
これを制度の「競合」の問題という。この場合には、どちらの制度を
適用するべきかを解釈によって決めることになるが、このように、決
定しない（＝当事者の選択に委ねる）という解決もあり得る。

第２節●不在者財産管理制度

　ある者が行方不明となったときに財産管理をする制度が、不在者財産管
理制度である。もっとも「行方不明」か否かを判断する前提として、「住
所」とは何かを定義しなければならない。

１………住所

［生活の本拠地］
　22条は、各人の生活の本拠地が「住所」であると定義した。その土地を
現実に生活の中心としているか否かが基準であり、戸籍（現実に生活して
いる土地とは関係ないことが多い）や住民票の所在地とは必ずしも一致しない。
　住所は、不在者財産管理制度（25条以下）が適用されるか否かの基準と
なるが、それ以外にも、①債務の弁済は（原則として）債権者の住所で行
うべきこととされている点（484条）、また、②民事裁判は（原則として）
被告の住所地を管轄する裁判所に提起するべきこととされている点（民事
訴訟法４条１項→２項）等に意味がある。
　なお、これらを統一的に解すべき必然性は余りない。例えば、普段は東京に住んでい
るＡが１月の予定で大阪のホテルに滞在していて酒屋Ｂにビールを注文した場合には、
①Ｂはビールをホテルへ配達するべきであるが、②Ａが代金を払わないときには東京
地方裁判所へ提訴するべきであろう。特に、「契約をどこで履行するべきであるか」（①
の問題）は、民法484条に余りこだわらずに、取引慣行等を考慮して契約を解釈して決
めるべきである。

［居所］

　生活の本拠地が不明であるときには、「居所」を住所とみなす（23条1項）。23条では居所の定義はされていないが、22条との対比から、「生活の本拠地ではないが現に居る場所」と理解される。

　また、（生活の本拠地としての）住所が日本国内にない場合でも、居所が日本国内にあるなら、これを住所とみなす（23条2項）。ただし、法の適用に関する通則法など準拠法を定める法律を適用する場合は例外である（国外にある本拠地が住所となる）。国と国との関係を定めるのが「国際法（国際公法）」であるが、私人間の国際的な関係（国際取引や国際結婚等）は「国際私法」の問題である。例えば日本の商社とアメリカの商社が取引をした場合には、日本法が適用されるのかアメリカ法が適用されるのかを決めて解決する（「準拠法の決定」という）。準拠法を決定する法律は「法の適用に関する通則法」であるが、準拠法を決定する際には国籍が基準とされたり（例えば法の適用に関する通則法4条1項）行為地が基準とされたりする（同法4条2項等）ほかに、住所が基準とされることもある（同法5条等）。このようなときに民法23条ただし書を適用して「日本国内における居所を住所とみなす」と常に日本法を適用するべきこととなり、準拠法を決定するべき基準としての意味がなくなってしまう。

［仮住所］

　ある取引について「仮住所」を定めることもできる（24条）。例えば、大阪在住のＡが東京で不動産業を開業したいときには、東京にある別宅を、生活の本拠地ではなくとも、不動産業についての住所とすることができる。

2………不在者の財産の管理

　25条以下は、ある者の所在がわからなくなり、その財産が放置されている場合について規定している。まずは、家庭裁判所が必要な処分をする（25条から29条）。しかし、長期間に渡って生死不明であるときには「失踪宣告」をして死亡したものとみなす（＝相続が開始する）（30条以下）。

(1)　不在者財産管理人

　ある者が住所（または居所）からいなくなり、しかも、その財産を管理

するべき者がいないときには、利害関係人または検察官の請求に基づいて、家庭裁判所が必要な処分を命じる（25条1項1文）。普通は「不在者財産管理人」を選任して、財産を管理させる。また、本人が（行方不明になる前に）財産管理人を選任していた場合であっても、その後に本人が生死不明になったときには、家庭裁判所が管理人を改任することもできる（26条）。通常は本人が管理人を監督しているところ、行方不明になってしまっては、本人のコントロールが管理人に及ばなくなるからである。

［不在者財産管理人の職務・権限の範囲］

　選任された不在者財産管理人は、まず、自分が管理すべき財産の目録を作成しなければならない（27条1項）。財産管理が適切に行われたか否かを、後から審査できるようにするためである。そのほかにも、家庭裁判所は、必要と考える処分を不在者財産管理人に命じることができる（同条3項）。

　不在者財産管理人の権限の範囲は原則として103条によって定まり、これを超える行為が必要となるときには家庭裁判所の許可が必要となる（28条1文）。

　103条は、権限が定まっていない代理人に関する条文である。代理には任意代理と法定代理とがあることは前述（25頁）したが、代理人の権限の範囲は、任意代理なら本人との契約により定まり、法定代理なら法律によって定まる。したがって、代理人の権限が定まっていないことは余り考えられないが、念のために、民法は権限の定まっていない代理人の代理権の範囲を規定した。

　103条によれば、権限の定まっていない代理人は、①保存行為、②物や権利の性質を変えない範囲内での利用・改良行為のみをすることができる。「保存行為」とは、物の現状維持のために最低限必要な行為である。例えば、管理している建物が雨漏するときに放置していると建物自体が腐ってダメになってしまうので、雨漏を修理するのは建物の維持に最低限必要な保存行為として許される。「利用・改良行為」とは、現状維持のために最低限必要というわけではない利用や改良を指す。103条によれば、利用・改良行為は、物や権利の性質を変えない限り許される。例えば、農地を耕して作物を作るのは、土地の性質（農地）を変えない範囲での利用行為である。これに対して、農地を宅地に変更して建物を建てることは、物の性質を変える利用行為であり許されない。

　また、家庭裁判所は、不在者財産管理人が財産を適切に管理するように、また、（職務が終了した際には）キチンと返還するように、担保の提供を命じることができる（29条1項）。具体的には、保証人を立てるようなこと

が考えられる。さらに、不在者財産管理人に、不在者の財産の中から、相当な報酬を与えることもできる（同条2項）。

(2) 失踪宣告

　以上のように、ある者が行方不明になったときには不在者財産管理人が財産を管理するが、いつまでも、このような中途半端な処置を続けるわけにもいかない。そこで、生死不明のまま一定期間が経過したときには家庭裁判所が「失踪宣告」をして、死亡したものとみなす。こうして、法律関係を安定させるのである。

［失踪宣告──普通失踪と特別失踪］

　30条1項によれば、不在者が7年間に渡り生死不明であるときには、利害関係人の請求に基づいて、家庭裁判所が失踪の宣告をする。失踪宣告がされたときには、その者は、その7年が経過した時に死亡したものとみなされる（31条）。具体的には相続が開始し（相続は「開始」するという）、婚姻が解消する。また、生命保険の保険金も請求できるようになる。これを、次に説明する「特別失踪」に対して、「普通失踪」と呼ぶ。

　戦場に出向いたり乗っていた船舶が沈没したとき等のように、特に危険な状況にあった者の生死が1年間不明であるときにも失踪宣告がされ（30条2項）、これを「特別失踪」とか「危難失踪」とかいう。このときには、その危険が去った時（戦闘が終了した時や船舶が沈没した時）に死亡したものとみなす（31条）。普通失踪の場合とは異なり、「1年が経過した時」に死亡したものとみなすわけではないことに注意。

［失踪宣告の取消し］

　失踪宣告を受けた者が実は生きていることが証明されたとき、または、死亡したものとみなされる時（31条）とは異なる時に死亡したことが証明されたときには、失踪宣告は取り消される（32条1項）。このときは、失踪宣告による効果（相続開始や婚姻解消）もなかったことになる。もっとも、死亡したものとみなされる時とは異なる時に死亡したことが証明されたのなら、もちろん相続は開始するし婚姻も解消する。相続開始や婚姻解消の時期が異なるだけである。

［取消しの効果の制限①──善意でした法律行為は有効］

　しかし、失踪宣告が取り消されても、当事者が善意でした法律行為の効力には影響はない（32条1項2文）。「善意」とは「知らないで」という意味であり、ここでは「実は生きていることを知らなかった」ことを指す。例えば、Aが行方不明となって失踪宣告がされて、Aの子Bが財産を相続し、それをBがCに売却したとする。実はAが生きていることが判明して失踪宣告が取り消されると相続も開始しなかったことになるので、Cは、真の所有者であるAに返さなければならないはずである。しかし、実はAが生きていることを知らないでBとCとが取引をしたときには、これは気の毒であろう。したがって、善意でした法律行為は有効であるとされた。逆に、実はAが生きていることを知っていたのなら（「善意」に対して「悪意」という）、真の所有者であるAの方を保護するべきであろう。

　では、Cは善意であったがBは悪意であったときはどうだろうか。条文からは必ずしも明確ではないが、BとCの双方が善意でなければ32条1項2文は適用されないとした判決がある（大判昭和13年2月7日民集17巻59頁。Aが行方不明となって失踪宣告がされてBが相続し、BがCに売却し、さらにCがDに転売したところ、Cは善意であったがBとDは悪意というケースであった）。しかし、それではCが気の毒であるとして、「取引の安全」を保護するために、善意か悪意かはCのみについて判断すればよいとする見解もある。この見解によれば、Cが善意であるなら、Bは悪意でも32条1項2文を適用してCを保護することになる（なお、大判昭和13年2月7日の事件ではDは悪意だったのだから、この見解によってもDを保護する必要はなさそうである）。「取引の安全」とは「一度した取引を無効としたり取り消したりすることをなるべく避ける」という意味であり、上のような文脈でよく使われるキーワードである。32条1項2文の文言からは必ずしも明らかではないので、このような解釈も1つの見解としては（それなりに）妥当であろう。しかし、その反面、真の所有者であるAの利益を犠牲にしている点は見落としてはならない。

［善意・悪意、過失］

　繰り返しになるが、ある事情を知らなかったことを「善意」といい、知っていた場合は「悪意」である。「何を」知らなかったか（または知っていたか）は、その文脈から判断するしかない。例えば、Aの自転車を、Bが、

自分（B）の所有物であるかのような顔をしてCに売った場合に、「Cは善意であった」といえば「実はBの自転車ではない」ことをCは知らなかったという意味であり、「Cは悪意であった」というのは「Bの自転車ではない」ことにCも気が付いていたという意味である。もちろん、善意者の方が（悪意者よりも）法律上の保護に値する。

　なお、善意や悪意は日常でもよく使用される言葉であるところ、日常的な使い方では倫理的な色彩が強いが、法律では、そのような意味合いはない。例えば上記の例で、CはAの友人だったので、自転車がAの所有物であることに気付いて「Aに返してやろう」と思ってBから買ったとしよう。Cの行為は善意に満ちたものではあるが、「Bの自転車ではない」ことに気付いていたのだから法律的にはCは「悪意者」である。

　さて、善意も、さらに2つの段階に分かれる。その場の状況から、ちょっと注意すればわかったであろう場合には、善意ではあるが「過失」があったとされ、これに対して、わからなかったのも無理はないなら、善意かつ「無過失」であったという。例えば上記の例で、自転車にAの名前が書いてあったのなら、注意すれば「Bの所有物ではない」ぐらいはCにもわかったはずであろう。したがって、このときのCは、仮に知らなかったとしても（＝善意であったとしても）過失がある。これに対して、自転車に名前が書いてなかったなら、「Bの所有物である」とCが誤解したのも無理はないので、Cは善意無過失である。

　32条1項2文には単に「善意」とのみ書いてあるだけなので、過失の有無を問わない。したがって、善意だが過失があった者も保護されることになる。しかし、条文によっては「善意かつ無過失」が要求されることもあり、このときには、善意ではあっても過失がある者は保護されないことになる（162条2項や192条など）。

［取消しの効果の制限②──返還の範囲］

　失踪宣告によって財産を得た者（相続人等）は、失踪宣告が取り消されたときには財産を返還しなければならないが、しかし、現に利益を受けている限度で返還すればよいとされた（32条2項）。前述（26頁）したように、これを「現存利益」といい、例えば、失踪宣告によって得た金銭を浪費したときには返還しなくてよい。自分の物だと思って使ってしまうことがあり得るので、そのような者を保護する趣旨である。

逆に言えば、悪意者、つまり、失踪宣告を受けた者が実は生きていることを知っていた者は、失踪宣告が取り消される可能性を考慮すべきだから保護に値しないともいえる。そこで、悪意者には32条2項は適用されず、受けた利益全額に利息を付けて返還すべきであると主張する見解もある（704条参照）。

　なお、32条2項の文言からは必ずしも明確ではないが、この条文は、失踪宣告により「直接に」財産を得た場合にのみ適用されると解釈されている。したがって、Aが行方不明となって失踪宣告がされて子Bが財産を相続してCに売却した場合、Cには32条2項は適用されない。これは、前述したように、32条1項2文の問題として解決される。

[問題2]

　Aが海外へ渡航したまま10年以上も音信不通であったので、Aの子Bの請求に基づいて家庭裁判所が失踪宣告をして、Aの財産をBが相続した。Bは、相続した財産の一部である土地をCに売却した。ところが、実はAは生きており、しかも、Bもこれを知っていたとする。この場合の法律関係について論じなさい。

[解説]

　わざと「法律関係について論じなさい」などと抽象的な書き方をしたが、法律関係とは結局は権利および義務で表現されるものなのだから、誰が誰に対して、どのような権利を有するか（どのような義務を負うか）を考えればよい。

　さて、実はAが生きていたとしても、それだけでは失踪宣告の効力に影響はないことに注意しなければならない（やや「意地悪」な出題だったかな？）。宣告が取り消されない限り、宣告の効果（この場合にはBがAの財産を相続したこと）は失われない。BはAの財産を相続したままであるし、Cも、所有者であるBから土地を買ったのだから、有効に土地の所有権を取得できる。

　しかし、Aが帰国すれば、Bが勝手なことをしたことを知って怒って32条1項に基づいて失踪宣告の取消しを家庭裁判所に請求するだろうし、そうすると、もちろん家庭裁判所は宣告を取り消す。取消しにより宣告はなかったことになるので相続もなかったことになり、Aは、

Bに対して「自分（A）が所有者である」と主張して相続財産の返還を請求できることになる。また、Bは、自分（B）の所有物ではない土地をCに売却したことになるが、このような場合（所有者でない者から買った場合）は、もちろんCは所有権を取得できない。Aは、Cに対して「その土地の所有権は私（A）にある」と主張して土地の返還を求めるであろう。

　BやCは、どのような反論（「抗弁」という）をするであろうか。この際、BとCとでは、適用される条文が異なることに気を付けなければならない。前述したように、32条2項の「宣告によって財産を得た者」とは宣告によって「直接に」財産を取得した者と解釈されているので、Bには32条2項が適用されるが、Cには適用されない。Cは、宣告によって相続したBと取引をして財産を取得したのだから、32条1項2文により保護されるか否かが問題となる。

　まず、Cが土地を有効に取得できるかを考えてみよう。32条1項2文によれば、善意でした法律行為は（失踪宣告が取り消されても）有効であるが、しかし、ここでの「善意」とは「両当事者（BおよびC）が善意であること」と解釈されている。Bは「実はAが生きていること」を知っていたので悪意であり、したがって、仮にCは善意であったとしても、32条1項2文は適用されない。Aから土地の返還を請求されたら応じなければならず、Cは、Bに対して責任を追及するしかない。もっとも、前述したが、これではCが気の毒であるとして、Cが善意であるか否かで決する見解もある。この見解によれば、Cが善意なら、Bが悪意であっても法律行為は有効であり、Cは土地をAに返還する必要はない。そこで、AがBに対して責任を追及することになる。

　次に、Bは、相続した財産を返還しなければならないが（Cが32条1項により保護されるときにはCから得た売却代金も返還すべき）、利益が現存する範囲で返還すればよい（32条2項）。しかし、そもそも32条2項が返還の範囲を現存利益に限定しているのは、自分の物だと思って使ってしまうかもしれない人を保護するためである。そうすると、本問のBのように、Aが生きていることを知りながら失踪宣告を請求するような者は保護に値しない。そこで、悪意者については32条2

項は適用されないと解釈して、現存利益だけではなく、受けた利益の全部に利息をも付けて返還するべきではなかろうか（704条参照）。

3………同時死亡の推定

［同時死亡の推定］

　例えば、父Ａと子Ｂとが山で遭難して１ヶ月後に遺体で発見されたが、どちらが先に死亡したのかはわからない場合には、32条の２によって同時に死亡したものと推定される。これは、相続分の計算をするときに意味がある。

　上記の例で、Ａの父Ｃ（Ｂの祖父）とＡの妻Ｄ（Ｂの母）がいるとしよう。もし、Ａの方がＢよりも先に死亡したとすると、①まずＡの死亡により、Ａの財産をＤとＢで２分の１ずつ相続することになる（900条１号）。②次にＢが死亡すると、その財産をＤが相続するので、結局Ａの財産はすべてＤが相続する。これに対して、Ｂの方がＡよりも先に死亡したとすると、Ａの死亡時にはＢは存在しないので、Ａの財産をＣとＤとで相続することになり（889条１項）、相続分は、Ｃが３分の１でＤが３分の２である（900条２号）。

　しかし、上記の例ではＡとＢのどちらが先に死亡したのか不明なので、どのように相続するべきかを決定することができない。そこで、32条の２が必要となったのである。同条により、ＡとＢは同時に死亡したものと推定される。するとＡとＢは（お互いには）相続しないので、Ａの財産は、ＣとＤとが、Ｃが３分の１、Ｄが３分の２の割合で相続することになる。

［推定規定とみなし規定］

　32条の２は、ＡとＢのどちらが先に死亡したのかわからない場合に、同時に死亡したものと推定する条文である。しかし、遺体の鑑定などによって、Ａの方がＢよりも先に死亡したことが証明されることもあろう。このときには32条の２は適用されないので、前述のように、Ａの財産はすべてＤが相続することになる。32条の２のように、真実の証明ができないときに「一応こうだということにしておこう」と定める条文を「推定規定」という。

さて、推定規定に似ているが、「……のときには……とみなす」と書かれている条文もあり、「みなし規定」と呼ぶ。例えば、31条によれば、ある者について失踪宣告がされたとき（その者は）死亡したものとみなされる。この場合には、実は生きていることの証明がされても失踪宣告が効力を失うわけではない。32条1項に基づいて家庭裁判所が失踪宣告を取り消さない限り、失踪宣告の効果（相続の開始および婚姻の解消）は続くのである。

　推定規定とは「一応こうだということにしておこう」という程度の条文なので、「実はそうではなかった」旨の証明がされれば適用されない。これに対して、みなし規定の場合には、「実はそうではなかった」という証明をしてもみなし規定の効果が失われるわけではない。推定規定の例としては、32条の2のほかには772条などがあり、みなし規定の例としては、前述（31頁）した20条1項などがある。

第 2 章

法人制度

　第1章に続き、「財産取引をする者」に関するルールである。事業をするには元手が必要であるが、個人が自分の資金のみで事業をしてもその規模はタカが知れている。そこで、何人かで出資をして共同で事業をすることがよくある。何人かで共同事業をすると法律関係は複雑になるが、このようなとき、共同体自体を「1人の人間」であるかのごとく考えると法律関係をうまく整理することができる。このような制度が法人制度である。

　なお、法人制度に関しては、「一般社団法人及び一般財団法人に関する法律」が平成18年に成立して平成20年12月1日から施行されている。以下では、基本的にはこの法律に従って説明するが、必要に応じて以前の制度にも言及する。

第1節●序

1………法人

　法人とは、生身の人間ではないが法律上人間として扱われるもの（具体的には団体や財産）である。「法律上人間として扱われる」ことを「法人格」というが、民法は財産取引に関する法律なので、ここでの「人間として扱われる」とは、「人間であるかのごとく財産を所有して取引することができる」という意味である。権利能力や行為能力を認められることと言い換えてもよい。

　法人に対して、生身の人間を「自然人」という。

［社団と財団］

　日本の民法では、一定の目的のために出資等の財産的負担をする人の集合（団体）、および、一定の目的のために使われる財産の集合が法人として認められている。前者（人の集合）を「社団」と呼び、後者（財産の集

合）を「財団」という。

　「人の集合（団体）が人間であるかのごとく扱われる」までなら理解できるであろうが、「財産の集合が人間であるかのごとく扱われる」といわれてもイメージがわかないかもしれない。財団においても実際には「理事」が存在し、理事が財産を管理して取引する。ただし、理事の取引は、理事個人の取引ではない。財団のために取引をしているので「財団自体が取引をしている」かのごとくに考えるのである。

［法人制度の趣旨］

　法人制度は、取引上便利であり、また、目的とされた事業のために使われるべき財産を他の財産から明確に分離して独立させることができる点に利点がある。

　例えば、ＡとＢとが共同で「美術の普及のための美術館」を設立したい場合には、Ｃという社団を設立すればよい。そうすれば、共同事業のための財産（美術館で展示するための美術品など）を購入するときにはＣの名義で購入することができる。法人制度がなければＡとＢとの共同の名義で購入することになるが、これは不便であろう。また、Ｃは、構成員であるＡやＢとは別個独立の人格を有するので、購入した美術品も（ＡやＢの所有ではなく）Ｃの所有物となる。そして、共同事業のためにＤ銀行から融資を受けたときでも、Ｄがこの美術品を差し押さえることはあっても、ＡやＢの個人の財産に執行することはできない（法律的にはＣはＡやＢと

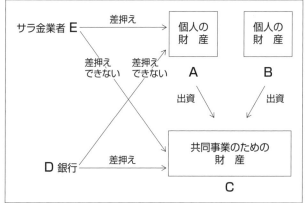

【図１】

は独立した人間であるから）。また、逆に、Ａが個人としてサラ金業者Ｅから借金をしたときも、ＥがＡ個人の財産を差し押さえることはあっても、美術品（Ｃ名義の共同事業のための財産）に執行することはできない。このようにして、共同の事業のための財産と個人の財産とを明確に分離できる。

　財団についても同様に考えてよい。Ａが「このお金を貧しい子どもたちに教育を受けさせる資金として使って下さい」といって資金を拠出してＢという財団を設立すれば、貧しい子ども達に教育を受けさせるための育英事業に使うべき財産と、Ａ個人の生活のための財産とを明確に分離できる。

［法人の本質］

　法人の本質については「法人学説」と呼ばれる議論がある。「法人擬制説」は、意思を有するのは自然人のみであるから法人格も原則として個人にのみ認められるべきことを前提にして、しかし、前述のように、取引上便利なので例外的に団体等をも１人の個人であるかのごとく扱う制度であると理解している。これに対して、「法人実在説」は「法人格は（原則として）個人のみに与えられる」という前提を批判し、団体は独自の（＝構成員とは別個の）社会的活動をしているのだから、構成員とは別個独立の法人格を与えてよいのは当然であるという。他方、「法人否認説」は法人擬制説をさらに突き詰めた見解であるともいえるが、法人の活動とは結局は誰か個人（出資者とか管理者）の活動であると主張して、法人の独自性を否定する。

　団体とは単なる「個人の集合」なのか個人を超えた「独自の存在」であるのかは、確かに面白い問題ではある。例えば、Ａ、ＢおよびＣが団体を組織して活動をする場合、団体の活動のパフォーマンスはＡ、ＢおよびＣ個人の活動の総和を超えたものになるであろう。しかし、他方、例えば多数決で団体の意思決定をするとき、ＡもＢもＣも自分１人では団体の意思（多数決）をコントロールすることはできないのだから、（ＡやＢやＣとは別の人間が意思決定をしているわけではないにもかかわらず）ＡやＢやＣから見れば団体が「一人歩き」しているように感じられることもあろう。これが、団体としての「拘束」である。

　しかし、法人擬制説も法人実在説も法人否認説もそれぞれ法人の本質の１つの側面を言い当てていることは認められているが、必ずしも個々の論点での解決に直接結びつくわけではない。個々の論点では、多くの場合は

関係者（団体の構成員（前掲**図1**のAやB）、団体の債権者（Dつまり団体の取引相手）および団体構成員の債権者（E））の利害関係の調整が問題となる。法人学説については、初学者のうちは「そのような議論があるのか」程度の理解でよい。

2………法人の目的

［目的の意義］

前述（45頁）したように、社団にせよ財団にせよ、法人には必ず「目的」が定まっている。そうでないと（構成員とは）独立した法人格を認める意味がない。例えば、ある団体Aの理事Bは美術の普及のために美術品を買い集めていたが、後任の理事Cは金儲けの方に興味があって不動産取引に精を出すようでは、その団体（A）の活動は、その時々の理事（BやC）の意思に完全に左右されているので、理事（BないしC）とは独立した人格を団体（A）に認める意味がない。団体自体の目的が「美術の普及のための美術館の設立および運営」と定まっていて初めて、団体としての活動が（理事の交代にもかかわらず）一貫して継続される。この意味で、目的は、法人に不可欠の要素なのである。

［目的による分類］

さて、法人は、目的によって以下のように分類され、適用される法律がそれぞれ異なる。

①**営利法人**　「営利」とは「金儲けをして利益を構成員で分配すること」であり、これを目的とする法人を「営利法人」という。これを「会社」とも呼び、会社法が適用される。

②**一般社団法人・一般財団法人**　これに対して、営利を目的としない法人を「一般社団法人」・「一般財団法人」といい、「一般社団法人及び一般財団法人に関する法律」（以下では、「一般法人法」と略す）が適用される。これは、さらに公益法人と中間法人とに分かれる。

「公益」とは「社会全体の利益」という意味であり、例えば学芸の推進、宗教の布教や慈善事業などを目的とする法人などを「公益法人」と呼ぶ（民法33条2項参照）。公益法人は税制上の優遇措置が受けられるが、そのためには「公益社団法人及び公益財団法人の認定等に関する法律」に従っ

て行政庁の認定を受けなければならない。

　なお、公益法人でも金儲けをすることはある。例えば、貧しい子ども達に教育を受けさせる事業をする団体でも、資金を銀行に預けて利息を取る等の運用をしないと事業は長続きしない。しかし、そのようにして得た利益を構成員で分配するのではなく元来の目的（貧しい子ども達に教育を受けさせる事業）に使う点が、営利法人との違いである。

　「中間法人」とは、例えば、労働組合、農業協同組合や生活協同組合のような「組合」が典型例である（後述70頁参照）。金儲けをして利益を分配するわけではないが、しかし、これは組合員の助け合いの組織なので社会全体の利益を目指すわけではない。かつては、そのような団体に社会的意味が認められるときのみ、労働組合法、農業協同組合法や生活協同組合法などの特別法によって成立が認められていたが、一般法人法により、より一般的に認められるようになった。

　このように、一般社団法人・一般財団法人は公益法人と中間法人とに分けられるが、公益法人と中間法人とは税制上の優遇措置を受けられるか否かという点で相違するのみであり、設立の手続などで違いがあるわけではない。

［法人の設立手続の種類］

　33条１項によれば、団体であれば当然に法人格が認められるわけではなく、法律で定める手続に従って設立されなければ法人としては認められない。その手続にもいろいろある。

①**許可主義**　官庁の「許可」によって法人として認められる手続を「許可主義」という。一般法人法が制定される以前は公益法人については許可主義がとられていたが（平成18年改正前の民法34条）、後述するように、一般法人法により、登記さえすれば公益法人が成立することとなり許可は不要となった。

②**認可主義**　官庁の「認可」が必要である。許可するか否かは官庁の裁量に任されているが、認可は、官庁の裁量ではなく一定の要件を満たす場合には認可しなければならない。例えば、農業協同組合などは認可により設立される（農業協同組合法59条）。また、学校法人は本質的には公益法人であるが（民法33条２項参照）、官庁の認可によって設立される（私立学校法30条）。

③**認証主義**　「認証」とは、ある書類が正式な手続によって作成されたこ

とを官庁が証明することである（例えば、憲法7条5号および8号）。特定非営利活動法人（いわゆる NPO 法人）は、設立に関する書類に官庁の認証を受けることによって設立される（特定非営利活動促進法10条）。

④**準則主義**　ある一定の要件を満たせば、許可とか認可のような官庁の行為がなくとも法人として認められることもある。例えば会社は、本店の所在地で設立の登記をすれば成立するし（会社法49条）、一般社団法人も、主たる事務所の所在地で設立の登記をすれば成立することとされた（一般法人法22条）。

　この他、日本銀行のように特別の法律（日本銀行法）によって設立が認められる場合を「特許主義」といい、弁護士会のように法律（弁護士法31条）によって設立が強制される場合を「強制主義」などと呼んだりする。

　一般法人法が制定される以前は公益法人について許可主義がとられていたので、公益性の強い法人ほど官庁の介入の度合いが強く、私益を目的とする団体については比較的自由に設立できるようになっていた。しかし、公益性のある法人についても自由に設立を認めるべきであるという批判が強かったので、一般法人法により公益法人についても準則主義がとられたのである。

［法人の権利能力：目的による制限①──何を制限したのか］

　民法34条によれば、法人は、法令の制限（例えば、一般法人法207条）の範囲内で、また、定款に定められた目的の範囲内で権利を有し義務を負う。これが何か制限しているのか、また、目的の範囲をどのように解釈するかが問題となった。

　まず、何を制限したのかから考えよう。

　　①34条を素直に読めば、目的の範囲内でしか権利を有し義務を負うことができないのだから、これは、法人の権利能力（前述21頁）を制限したことになる。そして、権利能力が制限されている以上は行為能力（前述24頁）もない。

　　②しかし、例えば、公益法人の資産を運用する際には、資金を銀行に預けて利息を取る等着実な方法によるべきであり投機的な金融商品に投資するのは許されないところ、では、公益法人は、投機的な金融商品について権利能力がないのであろうか。権利能力は「ある」か「ない」かのいずれかであり、対象となる権利の性質によって権

利能力があったりなかったりするのは不自然であろう。そこで、34条を、行為能力のみを制限した条文であると解釈する見解もある。つまり、法人は目的の範囲内でのみ取引をすることが許され、この範囲を超えて取引をしても無効となる。

③理事の代表権を制限したと解釈する説もある。この説によっても、理事が目的の範囲を超えて取引をしたときには取引は無効となるが、「表見代理の法理」（後述153頁）を適用して有効とする余地もあることになる。代理人が代理権の範囲を超えて取引をしても無効であるが、取引の相手方が「代理人には代理権がある」と誤解した場合には（場合によって）相手方を保護するために有効であると扱う制度がある（109条、110条および112条）。これを表見代理というが、③の見解は、この理論を、法人が目的の範囲を超えて取引をした場合にも応用できると主張する。

④商法学者の中には、営利法人（会社）を念頭に置いて、「34条は理事の対内的（＝法人に対する）義務を定めたものに過ぎない」と解釈し、権利能力や行為能力や代表権を制限したものではないと主張する者もある。したがって、理事が目的の範囲を超えて取引をしても有効であり、ただ、理事の法人に対する責任（例えば、取引によって損失を被ったときに会社に対して賠償する責任）が生じるだけになる。このように、「取引が有効か無効か」という問題と「取引をした理事が内部で責任を問われるか否か」という問題とはしっかりと区別する必要がある。取引が有効であっても、その取引をした理事が内部で責任を問われることはあり得るからである。

［目的による制限②――目的の範囲］

　目的の範囲も、拡大されて解釈される傾向にある。例えば、鉄道営業を目的とする会社が石炭の採掘権を取得した場合に、目的の範囲内として許されるとした判決がある（大判昭和6年12月17日新聞3364号17頁）。元来の目的（鉄道営業）と直接の関係はないように見えるが、当時は蒸気機関車を使ったのだから燃料を確保するために必要だったのであろう。この意味で、間接的には関係がある。さらに製鉄会社が政党に寄附をしたことも目的の範囲内であるとする最判昭和45年6月24日民集24巻6号625頁が出た。こうなると、少なくとも営利法人（会社）については、34条の目的による制限は意味がなくなったと評価されている。なお、この最判昭和45年6月24日

では、政治献金が34条に反して無効であるか否かが争われたわけではない。取締役の（会社に対する）内部的な責任が問題とされた事件である。また、この事件の場合には「（個人ではなく）法人に政治的自由があるか」（例えば、選挙権など認められるわけがない）という別の問題がかかわっていることも指摘しておく。

　これに対して、公益法人や中間法人については目的の範囲はより狭く解釈される。営利法人よりは公益性が高いから財政的基礎を安定させる必要があるので、目的外の取引により損失を被ることがないように配慮する趣旨である。例えば、公益法人である税理士会について、営利法人に関する前述の最判昭和45年6月24日とは対照的に、政党への寄附は目的の範囲を超えるとした判決（最判平成8年3月19日民集50巻3号615頁）がある。もっとも、この最判平成8年3月19日でも、政治献金が無効であるか否かが争われたわけではない。献金のための特別会費を徴収する旨の総会決議が無効とされたのである。また、この事件の場合にも「（税理士会のように）加入が強制される団体が特定の政党に寄附することが妥当か（会員の中にはその政党を支持しない者もいるかもしれないのに）」という別の問題がかかわっていることも指摘しておく。

　中間法人の場合には、農業協同組合などの「員外貸付」がよく問題とされた。組合は、組合員どうしの助け合いの事業の一環として組合員に対して融資をすることがあるが、組合員以外の者に貸付をしたときに目的に反して無効となるのではないかが争われたのである。それぞれの事情に応じて、有効（最判昭和33年9月18日民集12巻13号2027頁等）とされたり無効（最判昭和44年7月4日民集23巻8号1347頁等）とされたりしている。なお、組合の場合には、そもそも法律によって目的が定められていることが多い（例えば、農業共同組合法10条）。したがって、目的の範囲の問題ではなく、ある取引が法律に違反した場合に（取引が）無効となるのか否かという問題（後述106頁以下）として解決すればよいと主張する見解もある。

［外国法人］

　外国法人は、国、国の行政区画（州や県など）および商事会社以外は、原則として、日本では法人格が認められない（35条）。しかし、法律や条約により認められることもある。

　以下では、一般社団法人・財団法人について説明するが、便宜上、主に一般社団法人を念頭に置いて解説し、一般財団法人については補充的に述

べるにとどめる。法人の設立、管理および解散が問題となる。

第2節●法人の設立

[定款]

　前述（50頁）したように一般社団法人として認められるためには登記が必要であるが、その前に、団体としての実体がしっかりしていなければならないのは当然である。そのためには、団体の目的や名称等が明確に定められていなければならない（一般法人法10条）。このように、団体の活動の基本的なルールを定めた規則を「定款」という。定款には、最低限、以下のことを定めなければならない（同法11条1項）。

①**目的**　前述（48頁）したように、キチンと目的が定まっていることが法人として認められるための最低限の条件である。定款で定められた目的は、前述（50頁）した民法34条などで意味を有する。

②**名称**　一般社団法人や一般財団法人は、例えば「一般社団法人○○会」のように、その名称中に「一般社団法人」または「一般財団法人」という文字を用いなければならず（一般法人法5条1項）、他方、一般社団法人や一般財団法人でない団体が、一般社団法人や一般財団法人であると誤認されるような名称を名乗ることは許されない（同法6条）。また、一般社団法人や一般財団法人が、他人に、自己の（＝その一般社団法人や財団法人の）名称を使用して事業をすることを許諾したときには、その他人と取引をした者に対して、（その他人と連帯して）債務を弁済する責任を負う（同法8条）。

　「連帯責任」については民法436条以下に規定されている。例えば、「AとBとが100万円の連帯責任を負う」場合には、債権者はAとBの双方に対して100万円請求してもよいが、A1人に対して100万円請求することもできるし、また、B1人に対して100万円請求することもできる。AかBのどちらかが支払えば債務は消滅するから「合わせて200万円」弁済を受けられるわけではないが、AかBかのどちらかが破産しても残りの方に請求できるのだからリスクは少ない。通常は「連帯して責任を負う」旨の契約をすることによって連帯責任が生じるが、法律の条文により複数の者が連帯責任を負うとされることもある（一般法人法8条のほかに民法719条1項など）。

③**主たる事務所の所在地**　例えば、「本会は、東京都国立市中2番地に事

務所を置く」と記載する。これが法人の住所となる（一般法人法4条）。住所にどのような意味があるかについては前述（35頁）した。

④**設立時社員の氏名等**　「社員」とは、団体の運営に参加し経費を負担する団体構成員である。団体に雇われている人ではない。設立の時の社員については、氏名や住所などを定款に記載すべきこととされた。

⑤**社員の資格の得喪に関する規定**　社員は入れ替わることが予定されているので、（設立時の社員を除けば）氏名まで記載する必要はなく、社員としての資格の取得や喪失に関する規定を置けばよい。

⑥**公告の方法**　例えば、貸借対照表などは公告しなければならないところ（一般法人法128条）、その公告の方法を記載しなければならない。具体的な方法は同法331条に定められている。

⑦**事業年度**

以上の7項目に関する定めがなければ、定款として認められない。そもそも、これらの事項（特に①、②、③や⑤）についてキチンと定まっていないようでは、団体としての実体がしっかりしていないのである。最低限必要なこの7項目を、定款の「必要的記載事項」という。

これ以外の事項を定款に記載してもよい。例えば、「理事が不動産を売却する際には社員総会の議決が必要である」と定めて定款に記載してもよいし（一般法人法12条）、記載すれば、この事項についても定款としての効力（例えば、同法146条）が認められる。このように、記載しなければならないわけではないが、記載してもいい事項を、定款の「任意的記載事項」という。ただし、一般社団法人は非営利団体なのであるから、社員に利益を分配する旨の規定を定款に記載しても（その規定は）無効である（同法11条2項）。

定款には公証人の認証が必要であり（一般法人法13条）、かつ、一定の場所に備え置いて社員等が閲覧などできるようにしなければならない（同法14条）。また、定款は団体の基本的なルールであるから軽々しくは変更できず、総社員の半数以上で、かつ、総社員の議決権の3分の2以上による決議が必要とされる（同法49条2項4号）。

［設立時役員等］

設立時社員は設立時理事などの役員を選任し（一般法人法15条）、この者が法人設立の仕事にあたる。そして、設立時社員らは、任務を怠ったとき

には法人に対して損害賠償の責任を負うし（同法23条1項）、職務について悪意または重大な過失があったときには第三者に対しても損害賠償責任を負う（同条2項）。さらに、一般社団法人が成立しなかったときにも責任を負い、費用を負担することとされた（同法26条）。

［登記］

　一般社団法人は、主たる事務所の所在地において設立の登記をすることによって成立する（一般法人法22条）。登記さえすれば成立するのであるから、準則主義である（前述50頁）。

　登記すべき事項は一般法人法301条に定められているが、定款とは異なり、例えば理事の氏名なども登記しなければならない。そして、理事が交代したときには変更の登記をする（同法303条）。登記をしなければ（理事が交代したことを）善意の第三者には対抗できないし（第三者の方から理事が交代したことを認めることは差し支えない）、また、登記後であっても、第三者が正当な事由によって登記を知らなかったときは同様である（同法299条1項）。他方、故意または過失によって不実の登記をしたときには、それが不実であることを善意の第三者に対抗できない（同条2項）。これを登記の「対抗力」という（後述82頁）。これは商業登記に一般的に認められている効力である（商法9条）。さらに、後述（157頁）する最判昭和49年3月22日民集28巻2号368頁も参照。

　なお、上述したように、一般社団法人は登記をしなければ成立しないのだから、このときには、第三者の側から（登記をしていない）法人が成立していることを認めることもできない。つまり、法人の成立に関しては、登記は（単なる対抗要件ではなく）成立要件である。

第3節●法人の管理（法人の機関）

　一般社団法人の管理については、簡単に言えば、「社員総会」が法人の（重要な）意思決定をし、「理事」が業務を執行し、かつ、法人を代表し、「監事」が業務執行や財産状況を監督する。社員総会や理事や監事のように、組織の中で一定の重要な役割を果たすもの（人または会議）を、その組織の「機関」という。例えば、「天皇機関説」とは、天皇は国家という組織の機

関の１つであると説く学説であった。

　上記の機関のうち、（社員がいる以上は）社員総会は必ず存在するし、また、理事も必ず置かなければならないこととされている（一般法人法60条１項）。そこで、これらを「必要的機関」という。これに対して、監事は、置いてもよいが置かなくともよい「任意的機関」である（同条２項）。さらに、「理事会」および「会計監査人」も任意的機関であるが（同条２項）、一定の場合には必要とされる（同法61条および62条）。

[社員総会]

　社員とは（前述（54頁）したように）団体の運営に参加し経費を負担する団体構成員であるところ（くどいが団体に雇われている人ではない）、これについては一般法人法27条以下が規定している。そして、社員全体の会議として社員総会があり、団体としての（重要な）意思決定をする。

　その決議権は、基本的には（法人の組織、運営、管理など）法人に関する一切の事項に及ぶが（一般法人法35条１項）、理事会を設置した場合には（前述したように理事会は任意的機関なので理事会が設置されている場合と設置されていない場合とがある）、法律や定款で社員総会の決議事項と定められた事項に限り決議をすることが許される（同条２項）。理事会を設置した以上は、業務執行などは理事会に任せるべきだからである。

　社員総会は、事業年度の終了後に定時社員総会が招集される他（一般法人法36条１項）、必要に応じて招集される。これは、理事の判断によって招集されることもあるし（同条２項）、社員の要求により招集されることもある（同法37条）。

　議決の際には、各社員は１個の議決権を有するが（一般法人法48条１項）、定款で、例えば「出資額に応じて議決権を有する」などと定めてもよい（同条１項ただし書）。しかし、ある社員の議決権を全く奪うような定款は許されない（同条２項）。そして、出席できない社員は、代理人を出席させたり（同法50条）、書面によって議決したり（同法51条）する権利がある。

[理事①──理事の選任]

　理事については一般社団法人法76条以下に定められているが、その選任等については同法63条以下に規定されている。これによれば、理事は社員総会によって選任され（同法63条１項）、理事と法人との関係は委任契約

（民法643条）であるとされる（一般法人法64条）。法律行為やその他の事務の処理を委託する契約を委任契約という（前述19頁）。したがって、理事と法人との関係については民法643条以下が適用される。特に重要なのは、民法644条や645条以下等である。

　理事の任期は、選任後2年以内の最後の定時社員総会の終結の時までとされ（一般法人法66条）、社員総会によって解任されることもある（同法70条1項）。また、理事が欠けるような事態が生じたときには、退任した理事が職務を続行する他（同法75条1項）、裁判所が一時的に理事の職務を行う者を選任することもできる（同条2項）。

［理事②——理事の職務］

　理事の職務は、以下の通りである。

①業務執行　（当然ながら）理事は法人の業務を執行する（一般法人法76条1項）。また、法律によって理事の仕事とされるものもあり（例えば、社員総会の招集、同法36条3項）、これを怠ると罰則等を科せられることがある（例えば、同法342条9号）。なお、理事が複数いるときには過半数で決定する（同法76条2項）。

②代表　業務執行の一環ともいえるが、理事は、対外的にも法人を「代表」する（一般法人法77条1項）。つまり、理事が法律行為をすれば、その法律行為による効果（権利や義務）は法人自体に帰属する。例えば、理事が法人を代表して物を買えば、法人が代金を支払う義務を負うし、法人が物の所有権を取得する。

　ただし、理事の中から（法人を代表するべき）「代表理事」を定めることもできるところ（一般法人法77条3項）、このときには代表理事が一切の代表権を行使することになり（同条4項）、他の理事には代表権はない（同条1項ただし書）。なお、代表理事以外の理事に「理事長」などと代表権限があるかのような名称を付けたときには、その理事がした行為について、法人は、善意の第三者に対して責任を負わなければならない（同法82条）。これを「表見代表理事」という。

　このように代表理事は法人を代表する権限を有するが、この代表権に制限を加えても、善意の第三者に対抗することはできない（一般法人法77条5項）。例えば、定款で「代表理事が不動産を売却するには社員総会の決議が必要である」旨定めたような場合には、代表理事が定款を遵守しなけ

ればならないのは当然である（同法83条）。しかし、代表理事が、定款に反して、社員総会の決議がないのに不動産を売却した場合でも、代表理事の代表権が制限されていることを相手方が知らなかったときには、その売買は有効である。法人は、代表理事相手に責任を追及するしかない。

　なお、一般法人法77条5項の「善意」とは「『定款等で代表権が制限されていること』を知らないこと」である。したがって、定款に「代表理事が不動産を売却するには社員総会の決議が必要である」旨規定されていることは相手方も知っていたが、理事が決議書を偽造したので社員総会の決議があったと（相手方が）誤信した場合には、相手方は「善意」ではない。このような場合には、後述（154頁）する民法110条を適用して相手方を保護することになろう（最判昭和60年11月29日民集39巻7号1760頁参照）。

　なお、対外的な関係（理事のした法律行為が有効であるか否か）と対内的な関係（理事が法人に対して責任を負うか否か）との区別に注意を要する。まず、対外的な関係から考える方がよい。一般法人法77条5項の場合、相手方が善意なら代表理事のした法律行為は有効であり、法人は、対外的には（＝相手方に対しては）法律行為による責任を負う。ただし、法人が代表理事に対して（対内的に）責任を追及することはもちろん許される（代表理事が定款に反して取引をすることは民法644条に違反するから）。これに対して、相手方が悪意なら、そもそも法律行為自体が無効なので、法人は、対外的にも（＝相手方に対しても）義務を負わない。

［理事③――理事の行為についての法人の責任］

　一般法人法78条によれば、代表理事その他の代表者が職務の際に第三者に損害を加えたときには、（理事個人も不法行為として民法709条により責任を負うが）一般社団法人も責任を負う。この条文を分解すれば、①加害行為を行ったのが代表理事等の代表者であること、および、②職務を行う際の加害行為であることが、法人の不法行為責任の成立要件である。

　以下に、詳述しよう。

［要件①――代表理事等の代表者の行為であること］

　個人の行為について法人自体に責任を負わせるには、やはり、その個人が、法人を代表するような立場の者でなければならない。例えば、代表理事が私用で法人名義の手形を振り出したのであれば、法人自体の責任を問える（法人自体が手形を振り出したものと評価できる）。しかし、小間使いが

法人の印鑑を盗み出して手形を偽造した場合には、これを法人自体の行為と評価するのはむずかしいであろう。

　もっとも、小間使いが手形を偽造した場合に、法人に何の責任も生じないわけではない。民法715条1項によれば被用者が他人に損害を与えた場合には使用者も責任を負うので（「使用者責任」という）、この条文により、小間使いの不法行為について、使用者である法人が責任を負う可能性はある。しかし、一般法人法78条は個人の行為を法人自体の活動と評価した上で法人に責任を負わせる規定であるのに対して、民法715条1項は被用者の行為について使用者にも賠償責任を負わせる規定であり、両者の法的性格はやや異なっている。したがって、小間使いの行為については、民法715条1項により法人が責任を負うことはあり得ても、一般法人法78条に基づく法人の責任は生じない。

［要件②——法人の職務を行う際の行為であること］

　代表者が、法人の職務とは全く無関係に、酒場で隣の客と喧嘩になって怪我をさせたとしても、法人が責任を負わないのは当然である。したがって、代表者が「法人の職務を行う際に」他人に損害を与えた場合でなければ一般法人法78条は適用されない。

　ただ、代表者の行為が職務の範囲内であるか否かが問題となることは多い。前述の使用者責任でも同様であり、民法715条1項は、被用者が「事業の執行について」他人に損害を与えた場合には使用者にも賠償責任があるとしているので、やはり、職務の範囲内であるか否かが問題とされる。

　さて、例えば、ある会社の会計係の中で手形担当者とそうでない者とに分けられている場合に、手形担当ではない者が手形を偽造したとすれば、会社にとっては、その者の職務の範囲外の行為であろう。しかし、これは「内部の事情」であり、外部の者には、会計係が手形担当者とそれ以外とに分かれているなどという事情はわからない。むしろ、会計係なら手形を振り出す権限もあるに違いないと考えるであろう。したがって、この会社が（一般法人法78条や民法715条により）責任を追及されたときに、外部の者にはわからない事情を主張して責任を逃れるのは妥当ではあるまい。民法715条においては、その会社の事業の執行であるか否かについては、内部の事情は無視して外部から客観的に定めるべきであるとする「外形理論（外形標準説）」が認められているが（最判昭和40年11月30日民集19巻8号

2049頁等）、一般法人法78条でも同様に解釈してよいであろう。なお、手形偽造の場合には相手方は「職務の範囲内であろう」と信頼して取引をしたのであるから、外形理論は信頼を保護する機能を果たす。しかし、交通事故のように相手方の信頼は問題とならないケースにおいても外形理論が使われることがある（最判昭和37年11月8日民集16巻11号2255頁）。一般法人法78条でも同様であろうか。

　ところで、代表者が手形を振り出したというケースでは表見代理の法理（前述51頁、さらに後述153頁）も使える。民法110条によれば、代理人が権限の範囲を超えた取引をした場合でも、取引の相手方が「代理人には権限がある」と信じ、しかも、そう信じたのが正当であるときには、有効な代理として扱われる。代表者が勝手に手形を振り出したケースでも、相手方が、代表者には手形を振り出す権限があると誤信したのも無理はないという場合が多いであろう。このようなケースの扱いについて判例は分かれており、一般法人法成立以前の民法44条（一般法人法78条に相当）を適用して解決した判決もあるが（最判昭和41年6月21日民集20巻5号1052頁等）、民法110条の問題とした判決もある（最判昭和35年7月1日民集14巻9号1615頁。ただし、この事件では民法110条は適用できないとされた）。

［要件③──行為者本人に民法709条の責任が成立すること］

　最後に、一般法人法78条には書いてないが、行為者本人に民法709条の責任が成立することが必要であると解釈されている。行為者本人すら責任を負わなくてもよいケースについて、法人に責任を負わせる理由はないからである。特に問題となるのが民法709条の「故意または過失」の要件であり、過失がなかった場合には行為者（代表者）個人には責任が生ぜず、したがって、法人が責任を負うこともない。

　なお、一般法人法78条によって法人自体の責任が成立するとしても、行為者個人が責任を逃れるわけではない（被害者はどちらに請求してもよい）。これについては同法117条も参照（後述（63頁）する）。

［法人の活動自体による損害の賠償責任］

　今まで説明してきた一般法人法78条は、代表理事等の代表者が他人に損害を与えた場合に、それを法人自体の行為と評価して法人に責任を負わせるものであった。しかし、例えば、ある企業の工場の排煙によって付近住民の健康に被害が生じたような場合に、これを工場の支配人の過失として

一般法人法78条を適用して法人の責任を追及するのは同条の趣旨（代表者の行為を法人の行為とみなして法人に責任を負わせる）からも不自然であろう。このときには法人の活動そのものが他人の権利を侵害しているのだから、一般法人法78条を持ち出さずとも、直接に民法709条によって企業自体に責任を負わせてよい。

[理事④——理事の忠実義務等]

　理事は一般社団法人のために忠実に職務を行わなければならないとされ（一般法人法83条）、これを「忠実義務」という。そもそも理事は民法644条によって「善良な管理者」としての注意義務（「善管注意義務」という）を負っているのだから当然のようにも見えるが、特に、以下に述べる競業避止義務（一般法人法84条1項1号）を負う場合に忠実義務と呼ぶ。具体的には、以下の場合には、社員総会の承認を受けなければならない（一般法人法84条1項）。

①理事が法人の事業の部類に属する取引（「競業」）をしようとするとき（一般法人法84条1項1号）　例えば、IT関連事業をする法人の理事が（法人の事業とは別に）理事個人としてもIT関連の取引をすると、法人の秘密やノウハウなどを不正に利用する危険がある。そこで、法人の事業と同じ種類の取引をすることは制限され（「競業避止義務」という）、そのようなときには社員総会の承認が必要であるとされた。理事が（自分のためではなく）第三者のために取引をするときも同様である。なお、これに反して取引をしたときには損害賠償の義務を負うところ（同法111条1項）、取引によって得た利益の額が損害の額であると推定される（同条2項）。

②理事が法人と取引しようとするとき（一般法人法84条1項2号）　例えば、法人が所有する土地を理事が（個人として）法人から購入する場合には、売主はなるべく高く売りたいし買主はなるべく安く買いたいのだから、法人と理事とでは利害関係が対立する。そこで、このようなときにも社員総会の承認が要求される。民法108条（後述151頁）の規制と同様の趣旨であるが、逆に言えば、社員総会の承認があるなら民法108条は適用されない（一般法人法84条2項）。なお、一般法人法116条も参照。

③法人が、法人と理事との利益が相反する取引を（理事以外の者と）しようとするとき（一般法人法84条1項3号）　例えば、理事が（個

人として）銀行から融資を受けるに際して法人が保証人となる場合を考えると、理事が貸付を弁済できないときには法人が弁済する責任を負う（民法446条1項）。逆に言えば、だから（＝法人が保証人となるから）理事は銀行から融資を受けることができる（保証人でも付けなければ銀行は融資してくれない）ので、法人が不利益を負うことによって理事は利益を受けている。このように、法人と理事との利益が対立している取引を「利益相反行為」という。前述した一般法人法84条1項2号の場合（理事と法人との取引）も利益相反行為であるが、しかし、同1項3号の場合には理事と法人とが（相対して）取引をするわけではないから（保証契約自体は銀行（債権者）と法人（保証人）との契約である）、同1項2号は適用されない。そこで、同1項2号の規制とは別に、このような取引についても社員総会の承認が必要とされたのである。

　一般社団法人の業務執行に関して不正等が疑われるときには、社員は、裁判所に対して「検査役」の選任の申立てをすることができる（一般法人法86条）。さらに、理事の行為によって法人に著しい損害が生じるおそれがあるときには、社員は、理事に対して行為を止めるように請求することもできる（同法88条）。

［理事会等］

　前述（56頁）したように、一般社団法人は理事会を設置することができる。理事会はすべての理事によって組織され（一般法人法90条1項）、業務執行についての意思決定を行う（同条2項1号）。そして（この決定に従って）実際に業務執行を担当する理事を選定し（同法91条1項2号）、その職務執行を理事会が監督する（同法90条2項2号）。また、理事会は代表理事を選定しなければならず（同条3項）、これを解職することもできる（同条2項3号）。

　前述（56頁）したように、監事も任意的機関（設置するか否かは自由）であるが、理事会を設置した場合および（後述（63頁）する）会計監査人を設置した場合には必要とされる（一般法人法61条）。その職務は、理事の職務執行の監査および法人の業務や財産の状況を調査することであり（同法99条）、不正な行為などを発見したときには理事や社員総会に報告する義務がある（同法100条および102条）。また、（社員と同様）監事も、理事の行

為の差止めを請求することができる（同法103条）。

会計監査人も任意的機関であるが、大規模一般社団法人（一般法人法2条2号）のときには必要である（同法62条）。その職務は貸借対照表などの計算書類を監査することであり（同法107条1項）、不正等を発見したときには監事に報告する義務がある（同法108条）。

［役員等の（法人や第三者に対する）損害賠償義務］

理事、監事や会計監査人などの役員等（理事および監事を「役員」といい（一般法人法63条1項）、これに会計監査人を加えると「役員等」となる（同法111条1項））が任務を怠ったときは、法人に対して損害を賠償する責任を負う（同法111条1項）。この責任は、基本的には総社員の同意がなければ免除することはできないが（同法112条）、一定の場合には、社員総会の決議によって一部を免除することができるし（同法113条）、理事会の過半数で責任を免除できる旨を定款で定めることも認められる（同法114条）。さらに外部役員等（その意味については同法113条1項2号ロや同法115条1項参照）については同法115条も参照。

また、職務の際に役員等に悪意または重過失があったときには、第三者に対しても損害賠償責任を負う（一般法人法117条）。同法78条（前述58頁）の場合には法人が責任を負うのであるが、同法117条は役員等個人に責任を負わせる規定である。

［計算および基金］

一般社団法人は、会計帳簿を作成・保存しなければならず（一般法人法120条1項）、また、事業年度毎に計算書類（貸借対照表および損益計算書）なども作成して保存する義務がある（同法123条）。

また、一般社団法人は、資金を調達するために、「基金」を引き受けてくれる者を募集することができる（一般法人法131条）。これは、事業が順調に発展している場合には定時社員総会の決議により返還されるが（同法141条）、利息を付けることは許されない（同法143条）。

［株式会社の機関］

一般社団法人法による社団法人の機関は、会社法による会社の機関とよく似ている。株式会社の場合には、「株主総会」の他、「取締役」が必要とされ（会社法326条1項）、

「取締役会」、「会計参与」、「監査役」、「監査役会」、「会計監査人」および「委員会」は任意的であるが（同条2項）、一定の場合には必要とされる（同法327条）。株主総会は（一般社団法人の）社員総会に相当し、取締役は理事に、取締役会は理事会に相当する。監査役・会計監査人も、一般社団法人の場合とほぼ同様に考えてよい。

第4節●法人の解散

［解散事由］

　どのようなときに法人を解散するかは一般法人法148条に定められており、これを法人の「解散事由」という。

　　①あらかじめ定款で存続期間が定められており、その期間が満了したとき（同条1号）

　　②あらかじめ定款で「○○のときには解散する」と定められており、その事実が生じたとき（同条2号）

　　③社員総会の決議（同条3号）

　　④社員がいなくなったとき（同条4号）

　　⑤合併（同法242条以下）によって消滅するとき（同法148条5号）

　　⑥破産手続開始の決定があったとき（同条6号）　借金で経営が行き詰ってしまったときには、法人に限らず、破産法に基づいて「破産手続開始の決定」（かつては「破産宣告」と呼んだ）がされ、「破産管財人」が選任されて債務者の財産を清算する手続に入る。民法の条文で「破産」と呼ぶのは、このことである。これに対して、（破産手続は開始されていないが事実上）経営難に陥っているときは「倒産」という。

　　⑦裁判所が解散を命ずる判決をしたとき（同条7号）

［清算］

　法人が解散したときには、「清算人」が法人の財産を清算する。もっとも、合併により解散するときには清算の必要はないし、また、破産手続開始の決定があったときは、債権者間の公平を図るために、一般法人法による清算手続ではなくて破産法による清算をすべきこととなる（一般法人法206条）。一般法人法による清算手続が始まった後においても、債務を完済することができないことが判明したときには破産手続による清算をすべきである（同法215条1項）。

原則として理事が清算人となるが（一般法人法209条1項1号）、社員総会で選任されたり（同条1項3号）、裁判所によって選任されることもある（同条2項）。

清算人の職務は、一般法人法212条に定められている。

①法人の業務を終了させる（同条1号）。

②法人の債権を取り立てて債務を弁済する（同条2号）。債務を弁済する際には、「この法人に対して貸しがある者は名乗り出てくれ」と公告をして、一定期間内に名乗り出た者に対して弁済をする（同法233条）。この期間内に名乗り出なかった者は、権利を失うわけではないが「後回し」にされる（同条2項）。もっとも、ある債権者が存在することが清算人にもわかっているときには、この「名乗り」の手続に乗らなかったからといって排除されるわけではない（同条1項）。

③このようにして財産を清算した後、残余財産は同法239条に従って引き渡す（同法212条3号）。残余財産を誰に渡すのかは、定款で定まっていることもあるし（同法239条1項）、社員総会で決めてもよい（同条2項）。それでも決まらないときには国のものとなる（同条3項）。

［一般財団法人］

一般社団法人に関する以上の理論を理解していれば、一般財団法人についても、条文さえ読めば容易にわかるであろう。以下では、一般社団法人との違いに注目しながら要点のみを述べる。

一般社団法人の場合には社員が出資をしたり経費を負担したりして運営されるが、一般財団法人の場合は、設立者が拠出（一般法人法157条）した財産を基礎として運営される。法人を設立するには定款を作成することが必要であるが（同法152条1項）、遺言によって法人を設立することも認められ、このときには遺言執行者が定款を作成する（同条2項）。

一般財団法人には社員はいないので社員総会もない代わりに、「評議員」が3人以上いなければならず（一般法人法173条3項）、すべての評議員で組織される「評議員会」（社員総会にほぼ相当する）が重要な意思決定をする（同法178条）。一般財団法人の場合には、評議員および評議員会の他、理事、理事会および監事も必要的とされ会計監査人のみが任意的であ

るが（同法170条1項）、大規模一般財団法人（同法2条3号）の場合には会計監査人も必要である（同法170条2項）。また、一般財団法人には基金の制度はない。

第5節●権利能力なき社団および法人格否認の法理

　前述（49頁）したように、団体であれば当然に法人格が認められるわけではなく、法律の手続に従って設立されたものでなければ法人格は認められない。すると、団体としての実体はあるのに法人格がない場合や、団体としての実体がないのに法人格のみある場合が生じる。なお、営利団体は登記さえすれば成立するところ（会社法49条）、一般法人法により非営利団体についても同様とされた（一般法人法22条および同法163条）。登記だけなら大した手間ではないので、今後は団体としての実体はあるのに法人格がないという問題は減っていくものと予想されるが、他方、このような問題が全くなくなるかには疑問もある（登記すらしない不精者もいるであろう）。

1⋯⋯⋯権利能力なき社団

　団体としての実体はあるが、法律上の手続を踏んでいないので法人格が認められないものを「権利能力なき社団」とか「法人格なき社団」とか呼び、実質的には団体であるのに法人格が認められていないために様々な問題が生じる。キチンと手続をしない方が悪いともいえるが、近時では、なるべく団体としての一体性を尊重して（＝法人に近づけるように）解釈・運用されている。

［当事者能力］

　裁判において当事者となることができる資格を「当事者能力」といい、権利能力とは区別される。実体法において権利を有し義務を負う資格（権利能力）がない者に、手続法において判決を受ける資格を認める意味などないともいえる。しかし、他方で、手続法の問題であるから手続法固有の観点から決定してよいので、当事者能力と権利能力とを一致させる必然性はない。

権利能力なき社団について、民事訴訟法は、訴訟上の当事者となることを認めた（同法29条）。もっとも、実体法上権利を有し義務を負う資格のないものが「100万円払え」という判決を受けたとき、実際には誰が支払義務を負うのであろうか。これは、結局は（すぐ続けて説明する）民法の問題であり、なかなか難問である。

［財産の帰属形態①——総有］

例えば、AとBとが共同で事業を営むことにしてCという法人を設立したときには、共同事業のための財産はAやBの個人の財産ではなくCの財産であり、共同事業による債務もAやBの個人の債務ではなく、Cの債務となる。しかし、Cが権利能力なき社団の場合には（法律の手続を経ていないので）Cには権利能力がなく、「Cの財産」や「Cの債務」はあり得ない。何らかの形で、AとBとの共同の財産（または共同の債務）と構成しなければならない。

さて、現在の日本の民法では、複数の者が財産を共同で所有する場合には、「共有」、「合有」または「総有」の3つの形態が考えられるところ、この中では、共有が最も「個人の権利」としての色彩が強く、総有が最も「団体による拘束」が強い。権利能力なき社団の財産は、かつては社員が合有すると解釈されたこともあるが、戦後になって、社員に総有的に帰属すると判決された（最判昭和39年10月15日民集18巻8号1671頁）。

①共有については、民法249条以下に規定がある。この場合には、持分を自由に譲渡することができるし（条文はないが当然のこととされる）、また、当事者は分割請求をすることもできる（256条）。相手方が分割に応じないときには、裁判所が分割する（258条）。②合有とは、例えば組合契約（前述20頁）を締結した場合の財産の所有形態である。組合とは複数の者が出資し合って共同の事業を営む契約であるところ（667条）、民法の条文によれば、共同事業のための財産は組合員の「共有」であるとされている（668条）。しかし、持分の譲渡は制限され（676条1項）、また、分割請求も認められないので（同条2項）、①で述べたような意味での共有ではない。そこで、これを「合有」と呼んで、249条以下の「共有」とは区別している。③総有とは、例えば入会権のような権利の所有形態である。前述（15頁）したように入会権とは江戸時代からの慣習であり、例えば「ある村の住民はある山から薪を採ってよい」という権利が慣習により認められていることがある。これは「個人の権利」というよりは「村の権利」であり、個人は、村の住民となれば入会権を取得するし、村から出て行けば権利を失う。このときにも山から薪

を採取する権利を村民で「共有」しているように見えるが、持分の譲渡はあり得ないし分割請求も考えられないことは理解できるであろう。そもそも持分などないのである。つまり、総有とは、法人格がないときでも（上記の「村」は行政の単位としての地方公共団体である必要はないので法人格があるとは限らない）事実上法人格があるかのように扱う法技術であるといえる。

　権利能力なき社団の財産については、かつては、法人格のある団体を組織しないで共同事業をする場合は組合である（667条）と考えられ、したがって、その財産についても、社員の合有となるとされたのである。しかし、総有が事実上法人格があるかのように扱う法技術であることを考えると、最高裁が、権利能力なき社団の財産は社員の総有であると判決したのも正当であろう。

　ただし、財産が社員に総有的に帰属するのは、その団体が、権利能力なき社団であるといえる程の（＝法人に準じるような）「強い」結合体であることを前提とする。前述の最判昭和39年10月15日は、どのような場合に権利能力なき社団といえるかについて「団体としての組織をそなえ、そこには多数決の原則が行われ、構成員の変更にもかかわらず団体そのものが存続し、しかしてその組織によって代表の方法、総会の運営、財産の管理その他団体としての主要な点が確定しているものでなければならない」と論じている。特に重要なのは、構成員が変わっても団体としての活動が一貫して継続されるか否かであろう（前述48頁）。

　また、総有であるから、社員が財産の分割請求をすることも（当然ながら）認められない（最判昭和32年11月14日民集11巻12号1943頁）。分割請求などされては、共同事業が崩壊するからである。「俺は共同事業から手を引きたい」というときには、脱退をして清算を要求することになる。

［財産の帰属形態②——債務］

　権利能力なき社団が債務を負う場合には、誰が、どのように債務を負担するのかが問題となる。財産は総有である（＝個人の持分は考えられない）とする前記最判昭和39年10月15日の理論からは、債務についても「総有的に」帰属することになる。つまり、各社員が個人として責任を負う必要はない（最判昭和48年10月9日民集27巻9号1129頁）。

　もっとも、営利法人である会社については、会社の債務について社員（しつこいが出資者という意味であって会社に雇われている人ではない）が個人として責任を負わされることもある（会社法580条）。営利法人とは「金儲けを

して利益を社員で分配する」法人であるところ（前述48頁）、利益が出たときばかり配当に預かっていながら事業が失敗して損失が出たときには責任を負わないのでは不公平だからである。そこで、権利能力なき社団についても、営利行為を目的とする団体については社員個人にも責任を負わせるべきであると主張されている。

[不動産登記]

　法人なら、法人所有の不動産について法人名義の登記ができるのは当然である。それでは、権利能力なき社団の場合でも団体名義の登記ができるのかが問題となり、最高裁は否定した（最判昭和47年6月2日民集26巻5号957頁）。したがって、代表者個人の名義で登記をするしかない（全員の「共有」として登記することも考えられるが煩瑣に過ぎる）。権利能力なき社団名義の不動産登記が認められなかったのは、債権者からの差押を回避するために実体のない団体名義に登記をする「財産隠し」を防ぐためであるが、逆に、今度は、代表者が個人で所有している財産との区別が困難になり、代表者の債権者が団体の財産である不動産を差し押さえる危険がある。そこで、代表者名義で登記をするにしても、例えば「○○会代表○○」という肩書付の登記を認めてもいいのではないかという提案がされたが、前述した最判昭和47年6月2日はこれも否定した。今後に残された問題である。

2………法人格否認の法理

　権利能力なき社団では、団体としての実体はあるのに法律上の法人格が認められないために問題が生じたが、逆に、団体としての実体がないのに法人格のみがあって問題を生じることもある。このときに、実体のない法人格を否定する理論が「法人格否認の法理」である。

　最判昭和44年2月27日民集23巻2号511頁の事件においては、A会社が不動産を賃借していたが、この会社は実質的には代表者Bの個人企業であった。賃料が滞ったので紛争となったが、賃貸人は、会社が実質的には個人企業であったために会社と代表者個人とを間違えて、B個人と和解契約を締結した。具体的に言えば、契約書には「A代表者B」と署名させる（これならA会社と契約したことになる）べきであったのに単に「B」という署名であった（これではB個人と契約したことになる）。その後になって、

会社が、「和解契約はB個人と結ばれたのだから、その効力は会社（A）には及ばない」と主張したのであるが、しかし、このような主張は信義則（1条2項（後述209頁））に反すると判決された。

最判昭和48年10月26日民集27巻9号1240頁の事件においても、賃貸借契約が問題となった。賃借人である会社（A）が、実体のない同名の別会社（A'）を設立して元の会社の名称を変更（AをBとした）したために、賃貸人が別会社（A'）の方を訴えた。ところが、裁判において、被告はこの事情（同名の別会社を設立して元の会社の名称を変更したこと）を隠していて、1審で原告が勝訴し2審でも原告が有利であったので、被告が真相を明かしたのである。当然ながら、このような主張も信義則に反すると判決された。

学説も判例を支持し、①団体としての実体が形骸化している場合や、②法人格を悪用しようとしている場合においては、法人格を否定して、その法人格を「隠れ蓑」にしている背後の人または団体に責任を負わせるべきであると主張する。

3……民法上の組合

民法667条以下は組合契約について規定しているが（前述20頁）、中間法人のうち労働組合や農業協同組合等の「組合」（前述49頁）は、民法667条にいう組合契約ではない。民法667条は、法人を組織しない「ゆるい」結合を前提とするからであり、これを「民法上の組合」と呼ぶことがある。

第 3 章

物

第１節●序

　85条以下には「物」というタイトルが付いている。ここまで論じてきた「人」（第１章）および「法人」（第２章）は「財産取引をする者」（取引の主体）に関するルールであったが、ここでは、「何を」取引するのかという取引の客体（対象）に関するルールが扱われている。

［有体物］

　民法では「物」とは有体物であるとされ（85条）、これが、取引の対象として念頭に置かれている。有体物とは「形のある物」程度の意味であり、固体に限らず、液体や気体でもよい。

　しかし、エネルギー、アイディアや情報等は含まれない（なお、刑法245条参照）。これらも取引の対象とされるので、立派な「財産」ではある。しかし、民法制定当時には、取引の主要な対象はやはり有体物であったので、有体物以外を取引の対象とするときには特別の法律（特許法等）を作ればよいと考えられたのである。

　なお、債権を取引の対象とすることもある。債権譲渡については後述（91頁）する。

［不動産と動産］

　86条１項によれば、土地、および、土地の定着物が「不動産」である。定着とは「くっついている」という意味であり、樹木や建物などは土地の定着物である。ただし、土地に定着しているか否かという問題と、土地とは別個の物として取引されるか否かという問題とは別である。樹木は土地の一部として土地と共に取引されるが、建物は、物理的には土地に定着しているが、土地とは独立の財産として取引される（後述72頁）。

　そして、これ（土地および定着物）以外の物（有体物）が「動産」である（86条２項）。

第2節●権利および権利変動の公示

　不動産と動産との主な違いは、不動産については、誰が権利者であるのかを明らかにするために不動産登記制度が整備されている点である。なお、ある物について誰がどのような権利を有するのかを第三者にもわかるようにすることを権利の「公示」といい、これは、特に物権については重要である。前述（13頁）したように物権はすべての人に対して主張できる絶対権なので、その存在が第三者にも明らかでなくてはならないからである。例えば、Aが土地を買ったところ、その土地には（Aが買う前に）Bのために地上権が設定してあったとすると、Bの地上権はAにも主張できるので、Aはせっかく買った土地を利用できない。そこで、不動産については登記制度を整備して、登記を見れば、自分が買おうとしている土地に地上権が設定されているか否かを調べることができるようにしたのである。以下では、民法総則からは離れてしまうが、不動産登記制度の概要について説明しよう。なお、不動産登記法は平成16年に改正されたが、しかし、当面は旧法による手続も併用されるし、また、民法を学習するには旧法の知識も必要である。以下では不動産登記法の改正法について説明するが、必要に応じて旧法にも言及する（81頁までの「旧法」は不動産登記法平成16年改正前のものを呼ぶ）。

1………不動産登記制度

［不動産登記の構成］

　不動産登記制度については、不動産登記法が定めている。日本では土地と建物とは（物理的には分離できないが）法律的には別個独立の物として流通するので別々に登記されるし、また、土地は1筆ごとに、建物は1個ごとに登記される（土地は「筆」という単位で数える。人工的な単位に過ぎないので、隣り合う2筆の土地を（所有者が同じなら）「合筆」することもできるし、1筆の土地を2つに「分筆」することもできる）。旧法では、不動産登記簿が土地登記簿と建物登記簿に分けられ（旧法14条）、それぞれの登記簿は、土地または建物を単位として編成されることとなっていた（旧法15条）。このように、土地または建物を単位として登記を編成することを「物的編成主義」というが、国（例えばフランス）によっては、人を単位として（「Aはこれこれの土地や建物を所有する」というふうに）編成することもあり「人的編成主義」と呼

ばれる。

　登記記録は「表題部」と「権利部」とに分けて作成されるところ（不動産登記法12条）、表題部には、不動産の所在地やその不動産に関する若干の情報が登記されて（同法34条および44条）、これを「表示の登記」という。権利部には、その不動産に関する所有権などが登記され、これを「権利の登記」と呼ぶ。旧法では、登記簿が「表題部」「甲区」「乙区」に分けられ（不動産登記規則4条4項）、表題部に表示の登記がされ、甲区には所有権が登記され、乙区には所有権以外の権利（地上権とか抵当権とか）が登記されて、これらをまとめて「権利の登記」と呼んだ。

　新たに（埋め立て等により）土地が生じたり建物を新築したときには、表示の登記をする（不動産登記法36条・47条。表示の登記は義務である）。そのうえで「所有権保存の登記」をすることができる（同法74条。これは義務ではない）。この土地を売却したときには「所有権移転の登記」をするし、地上権や抵当権などを設定したときには「地上権（または抵当権など）設定の登記」をする。

　　　例として以下掲げるのは、筆者が相続した土地を売却する前（縦書きのもの）および後（横書きのもの）の登記である（後掲図2（79〜74頁）参照）。

　　　縦書きのものは、登記簿の「謄本」である。謄本とは要するにコピーであるが、権限のある官庁が作成したものをいう（乙区欄の最後の部分を参照）。

　　　表題部には、所在や地番等が記載されている。所在地は町名変更により訂正されており、また、この土地は分筆されたことがわかる。ここには掲げなかったが、表題部の最後には所有者を記入する欄がある。しかし、この土地については空欄となっていた。

　　　甲区欄には、所有権に関する事項が登記されている。この土地は滝沢健三のものであったが、相続により、滝沢昌彦に所有権が移転したことがわかる。滝沢健三以前の所有者は、この登記簿からはわからない。きりがないので、適当な時期に、過去の情報は切り捨てて登記簿を更新しているのである。

　　　乙区欄には、所有権以外の権利に関する事項が記載されている。抵当権が設定されていたが、弁済により抵当権が消滅したので登記も抹消されたことがわかる。

東京都大田区仲池上○丁目○－○

全部事項証明書　　　（土地）

【順位番号】	【登記の目的】	【受付年月日・受付番号】	【原　因】	【権利者その他の事項】
付記1号	2番登記名義人表示更正	余白	余白	住所　川崎中原区木月○番地○○○ 平成12年11月7日受付 第49968号 職権更正
3	所有権移転	平成12年12月15日 第57034号	平成12年12月15日売買	所有者　○○ 平成12年6月22日 規定により移転 昭和63年法務省令第37号附則第2条第2項の

これは登記簿に記録されている事項の全部を証明した書面である。ただし、登記簿の乙区に記録されている事項はない。

平成12年12月22日
東京法務局○○出張所

登記官　　　　　　　　　　○　○　○　　　　　　㊞

＊　下線のあるものは抹消事項であることを示す。

整理番号　D82876　　（1／1）　　2／2

表題部（土地の表示）

		調製 平成12年6月22日	地図番号 余白

【所在】 大田区仲池上○丁目　余白

【①地番】	【②地目】	【③地積】m²	【原因及びその日付】	【登記の日付】
○番○	宅地	522 34	余白	余白
余白	余白	377 43	③○番○、同番○に分筆	平成3年12月11日
余白	余白	88 60	③○番○、○番○、○番○に分筆	平成11年2月24日
余白	余白	余白	余白	昭和63年法務省令第37号附則第2条第2項の規定により移記　平成12年6月22日

権利部（甲区）（所有権に関する事項）

【順位番号】	【登記の目的】	【受付年月日・受付番号】	【権利者その他の事項】
1	所有権移転	昭和35年4月2日第1096号	原因 昭和35年3月31日売買　所有者 武蔵野市御殿山○丁目○番○-○号　滝沢健三　順位1番の登記を移記　平成11年2月24日
2	所有権移転	平成12年4月21日第19063号	原因 平成11年5月15日相続　所有者 川崎中原区木月○番地○○○○○　瀧澤昌彦　順位2番の登記を移記

* 下線のあるものは抹消事項であることを示す。

乙　　　区 （所有権以外の権利に関する事項）	順位番号
	事項欄
	順位番号
	事項欄
	順位番号
これは登記簿の謄本である。 平成12年4月24日 　東京法務局○○出張所 　登記官　　　○○　　　　　　㊞	事項欄

（昭42. 千葉）

仲池上○丁目

地番家屋番号
221-1

区　乙		（所有権以外の権利に関する）
順位番号	事項欄	
老	抵当権設定 昭和四参年六月弐九日受付 第弐五○六九号 原因　昭和四参年六月壱日 金銭消費貸借の同日設定契約 債権額　金参百万円 利息　日歩弐銭六厘 損害金　日歩四銭 債務者　大田区久ヶ原町○番地 抵当権者　港区六本木　○丁目 参番壱号 株式会社○○銀行 （取扱店　○○支店） 共同担保目録(か)第壱○四九号㊞	
弐	壱番抵当権抹消 昭和四五年拾月拾五日受付 第四弐五参五号 原因　昭和四五年九月参拾日 弁済㊞	

仲池上〇丁目

| 地番 家屋番号 | 221-1 |

甲　区　（所有権）

順位番号　壱

事項欄：
所有権移転
昭和参五年四月弐日受付
第壱〇〇九六号
原因　昭和参五年参月参壱日
売買
所有者　杉並区成宗〇丁目〇番
〇〇〇〇住宅〇棟〇号室
　　　　滝沢　健三

付記　壱：
法務大臣の命により順位六番の
登記を移記
昭和四四年八月七日　㊞

付記　壱号（壱）：
壱番登記名義人表示変更・
更正
平成六年七月六日受付
第参弐五四七号
原因　錯誤

順位番号　弐

事項欄：
住所移転
昭和五九年四月五日
住所移転
住所　東京都武蔵野市御殿山〇
丁目〇番〇ー〇号　㊞

所有権移転
平成壱弐年四月弐日受付
第壱九〇六参号
原因　平成壱壱年五月壱日
相続
所有者　川崎中原区木月〇番
地マグノリア〇
　　　　瀧澤　昌彦　㊞

順位番号

事項欄

221-1　仲池上○丁目

表題部（土地の表示）					所在	数枚
番	番	番	①地番 貳貳壹壹		東京都大田区道々橋町／東京都大田区仲池上○丁目	1 ㊞2 ㊞3 ㊞
			②地目 宅地			4 5 6
			③地積（町ha・反a畝・歩m²（坪））			7 8 9
	参 七七 四参	八八 六○	壹五八○壹 五弐弐参四 m²			10 11° 12
筆 ③弐弐壹番壹・同番参に分筆 ㊞	③弐弐壹番壹、弐弐壹番五 弐弐壹番六に分筆	平方メートルに書替	原因及びその日付		昭和四拾年九月壱日町名変更 昭和四四年六月拾壱日登記 ㊞	13 14 15 地図番号
平成参年壱月壱日 ㊞	平成壱壱年弐月弐四日 ㊞	㊞	登記の日付			

近年、登記はコンピュータ化されつつある。登記簿という「帳面」に記載されるのではなく、情報としてコンピュータに保存されるので、登記簿謄本もない。横書きのものは、コンピュータに保存されている情報の「登記事項証明書」である。

内容は、縦書きの登記簿謄本と大差ない。ただ、その後、滝沢昌彦が土地を売却したことが追加されており、また、（そもそも記載すべき情報がないので）乙区欄は全くない。

［登記手続の流れ］

登記は、原則として、当事者の申請に基づいてされ（不動産登記法16条）、当事者が申請しなければ登記されることはない。また、前述（73頁）したように（表示の登記を除いて）当事者には登記をする義務はない。

登記を申請する際には「登記権利者」および「登記義務者」の双方が登記所に出頭しなければならない（不動産登記法60条）。登記権利者とは登記によって（登記簿上）利益を得る者のことであり（同法2条12号）、登記義務者とは登記によって不利益を被る者である（同条13号）。例えば、AがBに土地を売って所有権移転の登記をするときには、Bが登記権利者でありAは登記義務者である。そして、両者そろって申請しなければならないので「共同申請主義」という。Aは土地を売ったのだから、登記を拒否する権利はない。しかし、それでも、Aに全く無断でAに不利益となる登記をするのは不穏当なので、両者で申請すべきこととされたのである。もしAが登記に協力しないなら、裁判を起こして判決をもらえばよい。判決による登記はBが単独で申請できる（同法63条1項）。

登記申請をするには、①申請人の氏名等の「申請情報」（不動産登記法18条）、②登記義務者（上記のA）の「登記識別情報」、および、③登記原因の証明（例えば、売買による所有権移転の登記をするなら売買契約が締結されたことの証明）をする「登記原因証明情報」（同法61条）を登記所に提供しなければならない。申請は、書面による情報提供でもよいが、また、コンピュータを使ったオンラインでの情報提供により申請することもでき（同法18条）、登記が済んだときには、新たに登記名義人となった者（上記のB）に対して「登記識別情報」が通知される（同法21条）。さらに、その後Bがこの土地をCに売るときにはBとCとが共同で申請することになるが、その際のBの本人確認のために、この登記識別情報が使われる。登

記識別情報は登記名義人（B）に通知されるので、これを知っている者がBであると推定できるからである。

　旧法では、登記申請には、①申請書、②登記原因証書（売買契約書でもよいが、契約書とは別に「所有権移転合意書」を作るのが普通である）、③登記済証（俗に言う「権利証」）等が必要とされた（旧法35条）。登記が済んだら、登記官が登記原因証書に「登記済」の旨を記載して登記名義人（B）に還付し（旧法60条）、BがさらにCに売却する際には、この（Bに還付された）登記原因証書が「次の（＝BからCへ所有権移転登記をする際の）」登記済証になった。つまり、権利証とは、1枚の書面が引き継がれるわけではないし、また、「権利証」という俗称にもかかわらず、権利を証明する意味もない。新しい不動産登記法では登記識別情報によって本人確認をするが、旧法では登記済証によって確認していたのである。登記済証は登記名義人（B）に還付されるのだから、これを持っている者がBであると推定されるからである。このように、登記済証には本人確認という意味しかないので、人違いではないことを保証人が証明するなら、登記済証がなくとも登記できることとされていた（旧法44条および現行23条）。

［仮登記］

　所有権を移転したときには登記をするが、所有権を移転する約束のみして未だ所有権を移転していないときには「仮登記」をすることができる（不動産登記法105条）。仮登記には本登記としての効力はないが、仮登記を本登記に直したときには、その登記の順位は、仮登記の順位によって決まる（同法106条）。これを、仮登記の「順位保全効」という。

　例えば、AがBに土地を売る約束をし、仮登記をしたとしよう（第1順位の仮登記）。未だ所有権はAにあるのだから、Aが、これをCに売って登記をするかもしれない（第2順位の本登記）。仮登記には本登記としての効力はないから、この状態ではBの負けである。しかし、仮登記を本登記に直したときには、その本登記は第1順位の登記となるので、Bの方が優先する。

　なお、仮登記は、担保目的でよく使われる。つまり、AがBから金を借りたときに、「返せなかったら土地の所有権を移転する」と約束しておいて仮登記をするのである。これを適切に規制するために、仮登記担保法という法律が制定された。

［不動産登記の効力①──対抗力］

　では、不動産登記をすると、どのような効力が認められるのであろうか。不動産登記制度については不動産登記法で定められているが、その登記にどのような効力を認めるかは民法の問題である。

　まず、登記をしなければ所有権が移転しないわけではないことに注意を要する。民法176条によれば物権の設定や移転は当事者の意思表示「のみ」によって効力を生ずるとされているが、これは、特に登記などしなくとも所有権は移転することをハッキリさせる趣旨である。国（例えば、ドイツ）によっては登記をしない限り所有権も移転しないとされることもあり、これを、物権変動に関する「形式主義」という。これに対して、日本（やフランス）のような制度は「意思主義」である。

　したがって、登記をしなくとも所有権は買主に移転するが、しかし、買主は、登記をしない限り、第三者に対して「自分（買主）が所有者である」旨を主張することはできないとされた（177条）。これを登記の「対抗力」というが、もちろん、権利関係を明確にする趣旨である。所有権が移転したか否かは売主と買主の「内部の事情」なので、外部の第三者には見えない。そこで、登記をして権利が「見える」ようにして初めて第三者に対しても権利主張することができるとされたのである。なお、買主は、売主に対しては、登記をしなくとも所有権を主張できる。売主は「第三者」ではないからである。また、Ａが不動産をＢに売ったが登記をする前にＢがＣに売ったときには、Ｃは、登記をしなくとも所有権をＡに主張できると解釈されている。

　典型的には、例えば、Ａが、自分（Ａ）の所有する不動産をＢに売り、しかし、登記をする前に、同じ不動産をＣにも売ったという「二重売買」を考えればよい。このとき、Ｂは、登記がないので「自分（Ｂ）が所有権者である」旨を第三者であるＣに対して対抗できない。もちろん、Ｃの方も、登記をしない限り、自分の所有権をＢに対して対抗できない。つまり、このままでは、「訴えた方が敗訴する」という中途半端な状態になる。そして、先にＡから登記の移転を受けた方が、第三者に対しても対抗できる「完全な」所有権を取得するのである。

　ただし、不動産を相続した場合には、相続人は、登記をしなくとも第三者に対して所有権を主張できるとされた（最判昭和38年2月22日民集17巻1号235頁）。大雑把に言えば、登記は取引を円滑にするための制度なので、取引による権利の取得については登記が要求される傾向にある。これに対

して、相続は取引ではないので、登記は不要とされたのであろう。しかし、判例は、遺産分割については（分割による権利の取得を主張するには）登記が必要であるというし（最判昭和46年1月26日民集25巻1号90頁。なお、899条の2第1項参照）、また、時効による所有権の取得についても（時効成立後に不動産を取得した第三者との関係では）登記を要求する（最判昭和33年8月28日民集12巻12号1936頁。時効と登記については後述197頁）。登記にどのような役割を期待するか（取引を円滑にする「だけ」なのか否か）によって見解が分かれているところである。

［不動産登記の効力②──制限説］

177条は単に「登記をしない限り第三者に対抗できない」と規定しており、「第三者」に何の限定も加えていない。したがって、（売主以外の）すべての者に対して所有権を対抗できないことになる。しかし、例えば、建物を買って（登記をする前に）現地を検分したところ浮浪者が住み着いていた場合に、買主が、その浮浪者を相手にして所有権を主張するのに、登記がなければならないのであろうか。浮浪者のように、その不動産について全く何の権利を有しない者まで保護する必要はないであろう。そこで、177条の「第三者」に該当するのは、「『お前には登記がないじゃないか』と主張するだけの正当な利益を有する者」だけであると判決された（大判明治41年12月15日民録14輯1276頁）。何の権原もなく勝手に住み着いている浮浪者には、もちろん「正当な利益」などない。177条の文言自体は「第三者」に特に限定を加えていないが、この見解は177条を制限的に解釈することになるので、「制限説」と呼ばれている。

では、どのような場合に「正当な利益」が認められるのかはむずかしい問題である。前述したように、「二重売買」の場合には登記がなければ所有権を対抗できない。また、判例によれば、Aが不動産をBに賃貸した後に同じ不動産をCに売却した場合には、CがBに対して所有権を対抗するには登記が必要である（最判昭和49年3月19日民集28巻2号325頁）。なお、BがCに対して賃借権を主張することができるか否かは別の問題であり、605条や借地借家法10条によって決まる（後述101頁）。上述の最判昭和49年3月19日はBがCに対して賃借権を主張できることを前提としている。

［背信的悪意者］

　177条は第三者が善意である場合と悪意である場合とを区別していないので、悪意の第三者に対して所有権を主張するときでも、登記は必要である（大判大正10年12月10日民録27輯2103頁。上告人は「悪意者には『正当な利益』はない」と主張したが認められなかった。「正当な利益」は（前述のような）権原の問題であり、善意・悪意の問題ではない）。したがって、例えば、Aが不動産をBに売却した後に（同じ不動産を）Cにも売却した場合で、Cが、既にBがAから不動産を買い受けたことを知りつつ買ったときでも、Bは、登記をしない限り、所有権をCに対抗できないことになる。Cは不誠実な者のように思われるかもしれないが、この程度なら「自由競争」として許されるという趣旨である。ただし最近では反対する見解も増えている。

　しかし、第三者が単に「悪意」であるだけではなく、もっと「酷い」場合には、登記がなくとも所有権を対抗できてもよいのではないかが問題となった。例えば、不動産登記法5条によれば、上述のCが詐欺や強迫によりBの登記を妨げた場合や、Bのために登記を申請する義務をCが負っている場合には、Bは、登記がなくとも所有権をCに対抗できる。そこで、これを手がかりとして、CがBを害する意図で不動産を購入してBより先に登記をした場合にはCの売買は無効であるとされたし（最判昭和36年4月27日民集15巻4号901頁）、また、Cが、「AはBに登記を移転する」旨の和解の立会人であるにもかかわらず（自分（C）が同じ土地を取得して）Bより先に登記をした場合にも、Bは、登記がなくともCに対抗できるとされた（最判昭和43年11月15日民集22巻12号2671頁）。いずれも、単なる悪意を超えた事情がある場合であり、このようなときには登記がなくとも所有権を対抗できるとする理論を「背信的悪意者論」と呼ぶ。なお、Cが背信的な悪意者であるとしても、CがさらにDに売った場合には、D自身が背信的悪意者でない限りDは保護されるとした判決がある（最判平成8年10月29日民集50巻9号2506頁）。つまり、Bは、登記をしない限り、Cには対抗できてもDには対抗できない。

［権利保護要件としての登記］

　545条1項によれば、契約を解除（後述102頁）した場合には両当事者は「原状回復」をして契約を清算することになるが、その際、第三者の権利は保護されることになっている（同条1項ただし書）。例えば、AがBに土地を売って登記も移転したが、Bが代金を支払わないのでAが売買契約

を解除したときには、Bは土地を返還すべきことになる。しかし、もし、Aが解除する前にBが土地をCに売却していた場合には、Cは、545条1項ただし書の「第三者」として保護される。つまり、Aは、Cに対しては土地の返還を請求することはできず、Bに対して金銭での返還を求めるしかない。さて、この例で、（Aが解除する前に）BがCに土地を売って登記をも移転した後であるなら、もちろん、Cは保護される。しかし、（解除前に）BがCに土地を売ったが未だ登記は移転していないなら、同条1項ただし書は適用されず、Aは、Cに対して土地の返還を請求できると解釈されている。条文には「登記済みの第三者のみが保護される」などとは書いていないが、やはり、代金を払ってもらえなかったAも気の毒であろう。そこで、Cが既に登記を経たなら保護されるが（これは同条1項ただし書から当然）、未だ登記をしていないならAの方を保護するように解釈されているのである。

　ただし、これは、177条からの帰結ではないとされている。つまり、「177条によれば登記がなければ所有権を主張できないのだから、登記のない者は、自分が545条1項ただし書の第三者に該当するとは主張できない」のではない。前述（82頁）したように、177条は「同一の不動産について2人の買主が争っている」ような場合（自由競争）を前提にしている。しかし、545条1項ただし書で扱われているのは「解除した者と（解除前に買った）第三者とのいずれを保護すべきか」（契約解除の効果が第三者にも及ぶか）という問題であり、これは自由競争ではない。ただ、解除した者と第三者とのいずれを保護すべきかという問題を考えるに際して、登記を1つの基準としただけなのである。既に登記をした第三者は不動産との係わりも深く、逆に、未だ登記をしていない第三者は（その分）浅いといってよい。したがって、第三者を保護するか否かの基準として、既登記の第三者と未登記の第三者とを区別することには、それなりの合理性がある。

　このように、ここでの登記の意義は177条の場合とは異なり、「第三者」としての保護に値するか否かの基準として登記を使っているだけである。これを「権利保護要件」（または権利資格保護要件）としての登記という。これに対して、177条では、「対抗要件」としての登記が問題となっている。545条1項の他、96条3項（や94条2項）でも権利保護要件としての登記が問題となる（後述132頁）。さらに、前述（83頁）したように、Aが不動産をBに賃貸した後にCに売却した場合にCがBに対して所有権を対抗す

るには登記が必要であるとされた最判昭和49年3月19日においても、対抗
要件としての登記が問題となっていたのではなく、一種の権利保護要件と
しての登記の要否が論じられていたともいえる。

［所有権が移転する時期］

　176条により、登記をしなくとも所有権は移転するが、では、所有権は
何時移転するのであろうか。判例は、原則として売買契約の成立時である
とするが（最判昭和33年6月20日民集12巻10号1585頁）、例外もある（最判昭
和35年6月24日民集14巻8号1528頁や最判昭和35年3月22日民集14巻4号501頁
等。各自で調べてほしい）。もっとも、所有権が移転しても第三者に対抗するには登
記が必要なのだから、上記の判決でも、売主と買主との（内部的な）関係が問題となっ
たものが多い。しかし、原則として契約成立時に所有権が移転するとの理解
には反対が多い。契約書に署名しただけで（引渡しや登記もしないで代金も
払わないのに）所有権が移転するのは、当事者の意思に合わないからであ
る。

　そこで、ドイツの理論を日本にも適用し、所有権移転は、売買契約とは
別個独立の法律行為（「物権行為」という）であると主張する見解がある。
これによれば、売買契約は「所有権を移転しましょう」という約束に過ぎ
ず、実際に所有権が移転するためには「所有権を移転したよ」という別の
意思表示が必要になり（物権行為の「独自性」という）、具体的には、登記
または引渡しがこれに該当すると解釈する。

　しかし、日本の多くの学説は、物権行為の独自性を認めない。したがっ
て、売買契約と別の法律行為がなくても所有権は移転するが、しかし、契
約の成立時と所有権の移転時とが同一であるべき論理的必然性もない。む
しろ、当事者の合理的な意思を考えるなら、代金支払時に所有権も移転す
るのであろう。もっとも、代金完済前に登記や引渡しをした場合には、売
主はあえて買主を信用して登記や引渡しをしたのであるから（代金が完済
されていないのに登記や引渡しをするのは「君を信用して代金は貸しておくよ」
という趣旨であろう）、このとき（登記時または引渡し時）に所有権も移転す
ると解釈してもよいかもしれない。しかし、取引の状況を考慮して決める
べき問題であり、例えば、相手方の支払能力に必ずしも信用が置けないと
きには、引渡しをしたからといって所有権も移転する趣旨であるとは解釈
できまい（割賦販売法7条参照）。

2………動産に関する権利の公示

[占有]

　動産の場合には、物を「占有」（事実上支配していることであり「所有」とは区別される（前述14頁））することにより権利が公示される。占有と所有とは異なるが、普通は所有者が占有しているからである。しかし、物を貸したり預けたりした場合や盗まれた場合には占有者（借主・預かり主・泥棒）には所有権がないのだから、占有は、権利の公示の方法としては不完全である。不動産のように登記制度を整備するのが理想的であるが、すべての動産について登記簿をすることは不可能なので（自動車とか船舶については登録制度がある）、やむを得ない。

[占有の効力①――対抗力]

　178条により、占有にも対抗力が認められている。不動産登記の効力と同様に考えてよい。例えば自転車を売買した場合には、特に「引渡し」（占有（＝事実上の支配）を移転することを「引き渡す」という）をしなくとも所有権は移転する（176条）。しかし、買主が（売主以外の）第三者に対して「自分が所有者である」旨主張するためには、自転車の引渡しを受けなければならない。所有権が移転したか否かは外部からはわからないので、占有していなければ権利を対抗できないこととされたのである。ここでも、同一の自転車を２人に売ったような「二重売買」を考えればよい（具体的には各自で考えてほしい）。

[占有の効力②――公信力]

　しかし、占有には、対抗力よりも強い効力が192条によって認められている。例えば、Ａの物をＢが占有していたのでＣが「これはＢの物である」と思ってＢから買った場合には、192条によれば、Ｃは善意かつ無過失（前述40頁参照）であれば所有権を取得し、反射的にＡの所有権は消滅する（192条の文言をこのように理解するのはむずかしいかもしれないが、こう解釈されている）。「Ｂが占有しているのだからＢの所有物であろう」と信じたＣの信頼を保護する趣旨であり、（Ｂの）占有に与えられているこのような効力（＝その占有を信じて取引をした者は権利を取得できる）を「公信力」と呼ぶ（「信頼の保護」も「取引の安全」（前述39頁）と同様よく使われる

重要なキーワードである）。

　しかし、Ｃの信頼を保護するのはよいが、そのために所有権を失うＡはかわいそうではないのか？　実は、193条により、Ａが失くしてＢが拾った場合や、ＢがＡから盗んだ場合は192条の例外とされている。つまり、192条が適用されるのは、Ａが任意にＢに物を渡した場合（貸したか預けたか）である。このようなときは、他人に物を渡したＡの方が（Ｃと比較すれば）悪いのだから、Ｃとの関係では、所有権を失ってもやむを得ない。Ａは、Ｂを相手に責任を追及することになる。

　「悪い」の意味：例えば709条によれば、加害者は故意または過失（前述18頁参照）があるときのみ損害賠償責任を負う。逆に言えば、過失もないときには賠償する責任はないのであり、これを「過失責任主義」という。「ある者に法的責任を負わせるにはその者に過失があったことが必要であり、無過失であった者には責任はない」という趣旨であり、民法の基本原則である（後述206頁）。しかし、192条の場合、ＡがＢに物を貸したり預けたりしたこと自体を「過失」ということはできまい。それでもＡが責任を負う（所有権を失う）のは、ＡがＢに物を（貸したり預けたりして）引き渡したために「Ｂの所有物である」とＣが誤解したのであるから、Ｃとの関係では、誤解の原因を作ったＡの方に不利益を負わせた方が公平だからである。このように、「原因を作った」（「与因性」という）点を捉えて、過失がなくとも、責任を負わせることもある。「お前が悪い」という場合の「悪い」の意味にも、狭い意味（故意または過失）もあるし広い意味（与因性）もあることに注意してほしい。

　「対抗力」とは「権利があっても公示していない場合には権利を主張できない」という効力であるが、公信力は「権利がなくても（権利があるかのように）公示がされている場合には公示を信頼して取引した者は保護される」制度であり、似ているようで異なる（もっとも理論的に詰めていくと両者の区別はあいまいな点もある。物権法のテキスト等で勉強してほしい）。前述したように占有は権利の公示の方法としては不完全なので、公信力を認めて、信頼の保護を図るべきなのである。

3………不動産登記の公信力──94条2項の類推適用

　不動産登記には、日本では、公信力は認められなかった。ドイツでは登記に公信力があるが、日本民法の起草者は、ドイツの制度を知りながら、日本では不動産登記にそこまで強い効力を認める必要はないと判断したの

である。ところが、戦後になって、Aの不動産につきB名義の登記がされていたためにCが「これはBの不動産である」と信じてBから買った場合に、94条2項を類推適用する判決が続出した。そうすると、事実上不動産登記に公信力を認めたような結果になる。

[94条]

　元来は第4章第3節（117頁）で説明するべきことなので「先回り」になるが、94条について簡単に説明しよう。94条1項によれば、相手方と通謀して虚偽の意思表示をした場合、表示は無効とされる。例えば、AがBに対して「税金対策のために私（A）の土地を君（B）が買ったことにしてくれ」と言って両者でウソの契約書をでっち上げたときには、契約書は無効である。後になってAが契約書を根拠にしてBに対して代金の支払を求めたときには、Bは、94条1項により「その契約書はウソという約束でしょ」と反論してよい。

　しかし、これはAとBとの「内部の事情」なので、善意の第三者に対しては「契約書が無効である」旨を対抗できない（94条2項）。例えば、Bが契約書をCに見せて「あの土地は私（B）がAから買ったのだけど、君（C）に売ってあげよう」と言い、Cもこれを信用してBから買った場合には、Aは、その契約書が無効である旨をCに対して主張することはできない。結局、Cとの関係では契約書が有効であると扱うことになるのでCは所有権を取得し、反射的にAの所有権は消滅する。ウソの契約書などでっち上げた方（A）が悪いのである。192条の状況と似ていることに気付くであろう。

[94条2項の類推適用]

　さて、判例は、Aが、自分（A）が所有する不動産についてB名義（例えば、妻の名義）で不動産登記をしていたところ、Bが勝手に不動産をCに売却してしまい、Cの方も、B名義で登記されていたので「Bの所有物である」と誤解していたような場合に、94条2項を類推適用する（94条は意思表示に関する条文であるが、登記は意思表示ではないので94条を直接に適用することはできない。しかも、実際には通謀まではないケースが多い）。つまり、本来なら実際の権利に合わない登記は無効となるはずだが、Aは、善意のCに対しては「登記が無効である」旨主張できない。結局Cとの関

係では登記が有効であると扱うことになるのでCは所有権を取得し、反射的にAの所有権は消滅する。

　このように、他人名義で不動産登記をしていたところ第三者が登記を信頼して取引をした場合に94条2項を類推適用すると、事実上不動産登記に公信力を認めたのと同じ結果になる。あえて公信力を否定した立法の趣旨に反するともいえるが、このような判決が多数あり（最判昭和37年9月14日民集16巻9号1935頁他）、判例として確立している。

　不動産、動産について、どのような方法で権利を公示するのか、その公示には、民法のどの条文によりどのような効果が認められるのかについて、表にまとめると以下のようになろう。

	権利の公示	対抗力	公信力
不動産	登記	177条	（94条2項類推適用）
動　産	占有	178条	192条

4………明認方法

　前述（71頁）したように、土地に生えた状態の樹木（「立木」という）は土地の一部であり、土地と一体のものとして取引される（樹木を伐採すれば動産となるので土地とは別に取引できる）。しかし、日本では、伝統的に（明治以前から）、土地に生えたままの樹木を、土地とは別の財産として取引する慣習があった（「土地に生えたままの樹木を買う」とは「樹木を伐採する権利を取得する」という意味である）。この場合には、やや特殊な権利の公示の方法がとられる。

［立木法による登記］

　まず、上記の慣習を法律にも取り入れるために、「立木ニ関スル法律」（立木法）が作られた。同法1条によれば、土地に生えた状態の樹木の集団（「この山に生えている樹木全部」程度）について所有権保存の登記（前述73頁）をすることが認められる。こうして登記された立木は（独立の）不動産とされ（同法2条1項）、土地とは分離して譲渡することができる（同

条2項)。つまり立木のみを（土地に生えた状態のままで）土地とは別個に取引できる。また、土地を売っても、立木まで売ったことにはならない（同条3項）。要するに、土地と立木は、物理的には切り離せないが、法律的には全く別個の物として取引されるのである。

[明認方法]

ところが、立木法ができたにもかかわらず立木の登記は余り普及せず、依然として、昔ながらの「明認方法」が行われていた。これは、立て札や「木の皮を削って名前を書く」等の方法によって「自分が所有者である」旨を明らかにする公示の方法である。これに、法律的効果を認めてよいのかが問題となった。

せっかく立木法ができたのだから登記をするべきであり、登記以外のものには法的効果を認めないのも1つの見識であろう。しかし、大審院は、明認方法にも、立木法による登記と同様の効力を認めた（大判大正10年4月14日民録27輯732頁）。したがって、明認方法を施した立木は土地とは独立した不動産となり、土地と分離して譲渡することができるし、また、土地を譲渡しても立木まで譲渡したことにはならない。

立木法による登記や明認方法は、単に権利を公示する手段であるだけではない。登記や明認方法をして初めて立木を、土地に生えた状態のままで、土地とは別個の財産として取引することが認められる点で、普通の公示（不動産登記や占有）とは異なった意義が認められる。

5………債権譲渡

[指名債権の譲渡]

不動産や動産だけではなく、債権も「物」であるかのように譲渡して取引することができる（466条）。例えば、AがBに対して「100万円を支払え」という債権を有するときに、この債権をCに譲渡することが認められ、その後は、CがBに対して100万円を請求できることになる。

このときの手続としては、AがBに対して「債権をCに譲渡しましたから今後はCに支払って下さい」と通知する（467条1項）。そうでないと、Bは誰に弁済すればよいのかわからなくなるからである。逆に言えば、誰

に弁済すればよいのかBにわかればよい。したがって、必ずしもAから
の通知がなくとも、債権譲渡をBが承諾してもよいとされた（同条1項。
なお「承諾」と書いてあるがBが債権譲渡を「認識」すれば充分であり、「承諾
しない自由」などない）。

　なお、債権が譲渡されたことをB以外の第三者に対抗するためには、
「確定日付」のある証書によって通知または承諾がされる必要があり（467
条2項）（確定日付とは一定の確実な証明がされる日付のことであり（民法施行
法5条）、通常は「内容証明郵便」によって債権譲渡の通知をする）。例えば、
AがBに対して「100万円を支払え」という債権を有する場合に、この債
権をCに譲渡して債権譲渡の通知もしたが、その後に、Aが同じ債権を
Dにも譲渡したときには、Cへの債権譲渡通知が確定日付のある証書によ
るものでなければ、Cは「自分（C）が債権者である」旨をDには主張で
きない。なお、動産債権譲渡特例法により、法人が有する債権を譲渡した場合には、
債権譲渡登記ファイルに登記をすれば、確定日付による通知がなくとも債権譲渡を第三
者に対抗できることとされた。多数の（別々の債権者に対する）債権（売掛債権等）を
まとめて譲渡するときに便利である。

［証券化された債権の譲渡］

　しかし、債権譲渡をする度に通知・承諾をするのは煩瑣なので、証券を
発行して譲渡手続を簡略化した制度として「指図債権」および「記名式所
持人払債権」や「無記名債権」がある。

　　①指図債権とは、例えば「Aに対して100万円を支払います」という証
　　　券をBが発行した場合に、Aが債権をCに譲渡するときには、証券
　　　の裏に「権利をCに譲渡しました」と書く（「裏書」という）制度で
　　　ある（469条）。CがBに対して支払を求めるときにはBは証券の裏を
　　　見れば「AがCに債権を譲渡したこと」を確認できるので、Aが債権
　　　譲渡をBに通知しなくとも「誰に弁済すればいいのかわからない」
　　　という不都合はない。このように、裏書という方法で次の債権者（つ
　　　まり債権の譲受人）を指定（指図）する債権のことを「指図債権」とい
　　　う。これに対して、債権者が定まっている（債権譲渡できないわけではないが）
　　　通常の債権を「指名債権」と呼ぶ。なお、手形や小切手も裏書によって譲
　　　渡されるが、これらには手形法・小切手法が適用される。

　　②記名式所持人払債権とは、債権者が指名されているが、その証券の所

持人に弁済するべき旨が付記されている債権である。これに対して、無記名債権とは、債権者の名前が証券には記載されていない債権であり、デパートの商品券などを考えればよい。これらの場合には、証券を所持する者が債権者なのだから、債権を譲渡するときも証券を交付すればよい（520条の13、520条の20）。

第3節●従物および果実

1………主物と従物

［一物一権主義］

「所有権は1つの物全体に及び、しかし、2つ以上の物に及ぶことはない」という原則を「一物一権主義」という。「1つの物」とは常識的に一体として取引されるべき「単位」を指す。所有権が1つの物全体に及ばないなら、取引をすると、その物が分解してしまう。例えば、ある本の「表紙」と「中身」とが別々の所有権の対象となっているとしよう。そうすると、表紙のみを、中身とは分離して取引できることになるが、これでは本が分解してしまうので明らかに不合理であろう。逆に、1つの所有権が2つ以上の物に及ぶと、その2つの物を別個に取引することができなくなってしまう。例えば、甲という本の所有権が乙という別の本にも及ぶとすると、甲のみを売ることはできず、甲と乙とは常に一体として取引しなければいけないことになる。当事者の合意によって甲と乙という2つの本を「2つともまとめて」売ることは自由であるが、元来は2つの本を、物理的には別の物であるのに、バラバラに処分する可能性が全くないのも不便である。

このように考えると、一物一権主義は「主義」などという大袈裟なものではなく、取引上の「常識」に過ぎないことがわかる。しかし、場合によっては2つ以上の物をまとめて取引できないとかえって非常識なので、「従物」という概念が考え出された。

［主物と従物］

87条1項によれば、ある物（甲とする）の常用に供するために他の物

（乙とする）を付属させたときには、乙は「従物」となり、甲を「主物」と呼ぶ。例えば、建具（畳とかふすま）は、建物の従物である。なお、「常用」とは、客観的に見て一体として利用すべきことをいう。建具は建物に組み込まれて一体として利用されるべきものなので従物であるが、家具などはそうではない。

　そして、87条2項によれば、主物を処分したときには従物も処分したものとされる。例えば、建物を売ったときには（原則として）建具も売ったことになる。しかし、家具は従物ではないので、家具まで売ったことにはならない（全く常識的であろう）。もっとも、従物を売っても、主物まで売ったことにはならない（建具を売ったら建物がオマケとして付いてくるなどということはない）。また、同条2項は原則に過ぎないので、特別の合意によって従物を留保して主物だけを売ることも可能である（「建物は売るが建具は売らない。後でリヤカー引いて取りに来るからな」）。このようにして、常識的に一体として取引されるべき範囲を規制したのである。

　なお、従物は必ずしも「物」（有体物）である必要はない。借地権が建物の「従たる権利」であるとされた例がある（大判昭和2年4月25日民集6巻182頁）。借地上の建物と借地権とは一体として取引されるべきだからである。

　[問題3]
　　以下の物について、法律上、別個の物として独立して処分することが可能であるか検討しなさい。
　　　①土地と建物
　　　②建物と屋根
　　　③建物と建具
　　　④土地と立木
　[解説]
　1．ここまでの説明からわかるように、物理的にはくっついている物を、法律上は別の物として処分することができるか否かについては、4つの可能性がある。
　①土地と建物　これらは常に別の物として取引される。もっとも、土地を買わないで建物だけ買っても、そこに住めるかという問題は残る。

しかし、それは、土地を利用する権利（地上権とか賃借権とか）を有するか否かという別の問題であり、土地と建物とが別の物として取引されることに変わりはない。むしろ、地上権や賃借権という制度が存在すること自体が、土地と建物が別の物として取引されていることの裏面なのである。日本独自の慣習であり、ドイツ等では建物は（原則として）土地と一体として取引される。したがって、やや誇張していえば、ドイツには「借家」はあっても「借地」はない。

②**建物と屋根**　これらは常に一体として取引される（両者合わせて1つの「物」である）。屋根なしの建物など考えられないし、まして、建物なしの屋根などあり得ない。これが、まさに「一物一権主義」の典型例である。

③**建物と建具**　前述のように、原則として一体として取引される（87条2項）。しかし、従物のみを処分することはできるし、また、主物を処分する際に従物を留保することもできる。この意味では、従物も、独立の取引の対象となる可能性を失っているわけではない。

④**土地と立木**　原則として一体として取引される。その限りで②と同じであるが、立木は、登記または明認方法をすると、土地とは独立の物として取引できる（前述90頁参照）。このときには土地を売っても立木を売ったことにはならないので、③よりも強い独立性（むしろ①に近い）を獲得する。

2．以上の区別は取引上の慣習によって決まるものであり、論理必然的な区別ではない。例えば、自動車とエンジンは一体として取引されるべきものであるが（上記の②）、しかし、ある自動車のエンジンを別の自動車に付けることは技術的には可能である。それが当然であるような業界があれば、エンジンは自動車の従物である（③）と扱う余地もあろう。また、引っ越す際には畳やふすまも持っていくのが常識である地方もある（そうだ）。そうであるなら、畳やふすまは、建物の従物ではないことになる。

2………元物と果実

88条と89条は、畑を耕して作物を得る場合のように、ある物（「元物」

という）を利用して得られる別の物（「果実」と呼ぶ）は誰の所有物になるかについて規定している。もっとも、果実にも2種類（天然果実と法定果実）ある。

[果実]
①**天然果実**　88条1項は、「天然果実」を、物を利用して得る産出物であると定義している。農地を耕して得る農産物の他、牛から搾られる牛乳、さらに、鉱山から掘り出される鉱物等も含まれる。
②**法定果実**　88条2項は、物の使用の対価として得る金銭等を「法定果実」と定義する。建物を他人に賃貸して得られる賃料等である。

[果実の帰属]
①**天然果実の帰属**　天然果実は、果実が元物から分離する時に、果実を取得する権利を有する者の所有物となる（89条1項）。もっとも、89条には、どのような権利が「果実取得権」であるのかは書いていない。そこで、これを規定している個々の条文を探すしかない。例えば189条のように「果実を取得する」とハッキリ書いてある場合もあるが、これ以外にも、例えば206条（所有権）や601条（賃借権）で「『収益』をすることができる」と書いてあるのも「果実を取得する権利がある」という趣旨である。収益については前述12頁参照。
②**法定果実の帰属**　法定果実の場合には、期間を日割で計算する（89条2項）。例えば、AがBに建物を賃貸していたところ、月の半ばにAがCに建物を売却したときには、その月の賃料はA（旧大家）とC（新大家）とで折半することになる。もっとも、89条2項は、AとCとの内部関係を定めた規定であると解釈されている。例えば月末に賃料を払うことになっていた場合には、Bは、その月の賃料をCに支払えばよい。その後に、AとCとで89条2項に従って清算するべきことになる。

第 4 章　法律行為

　既に何度も述べたように、法律行為とは「当事者が意図的に権利や義務を発生させる行為」であり、契約や遺言が典型例である。例えば、売買契約が成立すれば、買主には、売主に対する目的物引渡請求権が発生し、売主には、買主に対する代金支払請求権が発生する（555条参照）。しかし、場合によっては、法律行為が無効とされたり取り消されることがあり、このときには権利や義務は発生しない。どのような場合だろうか。

　まず、既に第1章で学んだように、行為能力が制限されている者が制限に反して法律行為をした場合には取り消し得るものとされ（5条2項、9条、13条4項および17条4項）、また、意思能力がない者がした法律行為は始めから（＝取消しをしなくとも）無効である。この他にも、後述するように、公序良俗に反する法律行為は無効であるし（90条）、また、当事者の真意に合わない法律行為も無効とされることがある（93条1項ただし書および94条1項）。さらに、錯誤、詐欺または強迫による法律行為は取り消すことができる（95条1項および96条1項）。

　このように、90条以下は、どのような場合に法律行為が無効となったり取り消されたりするかを定めているが、逆に言えば、法律行為の内容（法律行為からどのような権利や義務が発生するのか）については規定していない。しかし、法律行為の内容について理解しないままに有効か無効かのみを議論しても、わかりにくいであろう。そこで、まず第1節では、民法総則からは離れてしまうが、法律行為の典型である「契約」について概観する（民法の条文では521条以下になる）。

第1節●契約

1………契約の成立

［申込みと承諾］

　契約とは要するに「合意」であり、合意とは、複数の者の意思が合致することである。例えば、売買契約とは、売主の「この建物を代金100万円で売ろう」という意思と、買主の「あの建物を代金100万円で買おう」という意思の合致であるし（555条）、また、賃貸借契約は、貸主の「この建物を月50万円で貸そう」という意思と、借主の「あの建物を月50万円で借りよう」という意思の合致である（601条）。

　しかし、人間の意思は外部に表示されなければ相手方にはわからないので、合意は、必ず「意思表示」の合致という形をとる。例えば、買主が「その建物を代金100万円で売ってくれませんか」という意思を表示し、これに対して、売主が「では売りましょう」という意思を表示すれば、売買契約が成立する。このとき、最初の意思表示（「その建物を代金100万円で売ってくれませんか」）を契約の「申込み」といい、次の意思表示（「では売りましょう」）を「承諾」という。もちろん、売主が「この建物を代金100万円で買ってくれませんか」と意思表示をして買主が「では買いましょう」と意思表示をしても契約は成立する。このときには、売主の意思表示（「この建物を代金100万円で買ってくれませんか」）が申込みとなり、買主の意思表示（「では買いましょう」）が承諾となる。

　契約とは、申込みと承諾という2つの意思表示が合致することによって成立する法律行為である（522条1項）。

　法律用語は正確に覚えること。民法で使う用語の多くは、日常よく使う語である。それだけに「何となく」わかった気になってしまって、用語を正確に覚えない学生が多い。しかし、申込みも承諾も専門用語であるので、他の語で代用することはできない。例えば、「売主の申込みに対して買主が『同意』をすれば契約が成立する」などという答案が出てくるが、「同意」は、また別の意味に使う用語である（5条1項など）。

　なお、例えば、消費貸借契約（前述19頁）は約束をしたうえで金銭等を「受け取る」ことによって成立するとされている（587条）。つまり、申込みと承諾が合致するだけではダメで、さらに、貸主が借主に実際に金銭を交付しなければ消費貸借契約は成立しない。このような契約を「要物契

約」という。もっとも、平成29年の改正により、書面による消費貸借契約
は、金銭を交付しなくとも成立することとされた（587条の２）。

[申込みの拘束力]

　申込みと承諾が合致して初めて契約が成立するのであるが、それでは、
承諾されるまでは、申込みには何の法的効力もないのであろうか。特に、
申込みをしておきながら後で申込みを撤回できるかが問題となる。例えば、
ＡがＢに対して「この建物を代金100万円で買いませんか」という申込み
をした後に（ただしＢが承諾する前に）、ＣがＡに対して「俺なら150万円
で買おう」と申し出た場合に、Ａが、Ｂに対する申込みを撤回してＣに
売ることは許されるのだろうか。

　民法は、承諾期間を定めて申込みをした場合（例えば、「１週間以内に返
事を下さい」といったとき）には、その期間内は申込みを撤回することは許
されないとし（523条１項）、また、承諾期間を定めなかった場合でも「相
当な期間」は申込みを撤回できないとした（525条１項）。国によって規制
が異なっており、ドイツでは日本と同様に申込みの拘束力を認めているが、
イギリスでは認められていない。したがって、イギリスでは、「１週間以
内に返事を下さい」といっても「１週間は他の人には売らない」と約束し
たことにはならない。しかし、申込みを受けた者は「承諾期間内なら自分
が承諾すれば契約が成立するのであろう」と信頼するかもしれないので、
ドイツや日本では、その信頼を保護するために申込みに拘束力を認めたの
である。

[契約の成立時期]

　「この建物を代金100万円で買いませんか」という申込みがされた場合に、
「では買いましょう」という承諾を10月１日にポストに投函して３日に相
手方に着いたとき、契約は何時成立するのであろうか。97条１項によれば
到達した時（10月３日）であり、これを「到達主義」という。これについ
ても国によって規制が異なっており、ドイツは到達主義であるが、イギリ
スでは「発信主義」をとる。

　かつては、日本でも発信主義が採用されていた（旧526条１項）。承諾を
発信した時点で、両者とも契約を望んでいることが客観的には明らかだか
らであるが、しかし、（極端な例だが）郵便の事故によって承諾が相手方に

到達しなくとも契約は成立することになる。したがって、批判が多く、平成29年改正で旧526条1項は削除された。

2………契約の内容

[契約から生じる基本的な権利・義務]
　法律行為とは「当事者が意図的に権利や義務を発生させる行為」であり、契約が成立すれば、当事者の合意に応じた権利や義務が生じる。例えば、売買契約とは「売主が買主に対してある財産権を移転することを約束し、これに対して、買主が代金を支払うことを約束する」旨の合意であるので（555条）、売買契約が成立すれば、財産権を移転すべき義務が売主に生じ、代金を支払うべき義務が買主に生じる（「財産権の移転を請求する権利が買主に生じ、代金の支払を請求する権利が売主に生じる」といってもよい）。あるいは、賃貸借契約とは「賃貸人が賃借人にある物（例えば、アパート）を使用および収益（収益については前述12頁）させることを約束し、これに対して、賃借人が賃料を支払うことを約束する」旨の合意であるので（601条）、賃貸借契約が成立すれば、物を使用・収益させる義務が賃貸人に生じ、賃料を支払うべき義務が賃借人に生じる。
　なお、民法第3編第2章第2節以下（549条以下）は契約のタイプ（「契約類型」と呼ぶ）別に条文を設けているところ、各節の冒頭の条文はいわゆる「定義規定」であり、それぞれの契約を定義している。そして、この定義は「どのような権利や義務を約束した契約なのか」という形式で書かれているので、これを読めば、その契約からどのような権利や義務が生じることが予定されているのかがわかるのである。
　また、この定義は、他の契約との区別のメルクマールとなっていることにも注意してほしい。例えば、売買契約では、代金を支払うべき義務が必ずある。代金を支払わないで（＝無償で）財産権を移転するなら、贈与契約（549条）である。また、賃貸借契約においては、賃貸人は賃借人に物を引き渡して使用・収益させるが、しかし、所有権は移転しない。所有権を移転するなら売買契約になってしまう。

[それ以外の権利・義務]
　しかし、契約から生じる権利や義務は以上に尽きるわけではなく、これ以外にも、当事者の公平を図るために様々な権利や義務が規定されている。多くは、上述した基本的な権利や義務を補強したり具体化したりする権利

や義務である。「基本的な権利・義務」と「それ以外の権利・義務」との違いはどこにあるのか？　前述したように、基本的な権利・義務は契約を定義付けるものなので、合意に、この権利や義務が含まれていないなら契約は成立しない（あるいは別の契約になってしまう）。例えば、当事者が「売買契約書」に署名したが「代金の支払は不要とする」と合意した場合には、代金を支払わない売買はあり得ないので、これは（いかに当事者が「売買」と呼んでも）贈与契約である。これに対して、契約の定義に含まれていない権利や義務については、当事者の合意によって「そのような権利や義務はない」と定めることも許される。

　例えば、賃貸借契約により賃貸人は賃借人に物（例えば、アパート）を使用・収益させる義務を負うところ、賃貸人がアパートを売却した場合に賃借人が賃借権を（新）大家に主張することができるか否については605条が規定している。また、賃借人は賃貸人に無断で賃借権を譲渡したりアパートを転貸（＝又貸し）したりすることは許されず、そのときには、賃貸人は賃貸借契約を解除できる（612条）。さらに、賃貸借契約がどのような場合に終了するのかについては617条以下に規定がある。これらは、賃貸人と賃借人との間の権利・義務を具体化する条文である。なお、前述（10頁）したように、賃借人は賃貸人に比べて弱い立場にあるので、賃借人保護のための法律（借地借家法）が必要となった。ここで細かく検討することはできないが、前に挙げた条文の多くは借地借家法によって修正されている。民法605条は借地借家法10条や31条により修正されているし、民法617条以下も、借地借家法5条、6条、26条や28条などにより修正されている。

3………契約違反

［相手方が契約を守らない場合の対抗手段］

　上述のように契約から様々な権利や義務が生じるが、相手方が契約を守らない場合には、以下のような対抗手段をとることができる。

①同時履行の抗弁権　例えば、売買契約により売主は財産権を移転する義務を負い買主は代金を支払う義務を負うが、売主が自分の義務（財産権移転義務）を果たさないのに代金を請求してきたときには、買主は「買った物を提供しない限り代金を払わないぞ」と拒否することが認められる（533条）。これを「同時履行の抗弁権」という。品物を受け取らないのに代金のみ先払すると、売主が破産したような場合に品物をもらい損なう危険が

あるからである。

②**履行の強制**　また、買主は、売主に対して義務（買った物を引き渡すべき義務）を履行するように強制することができる（414条1項）。一見当然のようであるが、例えば英米法（前述8頁）においては「相手方が契約を守らないときには損害賠償によって解決する」のが原則であり、基本的には履行の強制は認められない。これに対して、ドイツ等の（日本も）大陸法においては、伝統的に履行の強制が認められている。もっとも、例えば「ビール1ダース」の売買契約をしたのに売主がビールを持って来ない場合に、買主は強制執行などするだろうか。このようなときには、他の酒屋からビールを買って代金額を「損害」として賠償請求する方が早い。この点に関する英米法と大陸法との差は、実は小さいのである。

　ただし、履行の強制が認められているといっても、蹴ったり殴ったりして強制することが認められるわけではない。相手方に対して裁判を起こして勝訴判決を得た後、その判決の「執行」という形で権利を実現するのである（後述103頁）。

③**契約の解除**　売主が義務を履行しないときには、買主は契約を解除することもできる（541条以下）。解除すれば買主の代金支払義務は消滅するので代金を支払う必要はないし、もし、既に代金を支払っていたなら、代金の返還を請求することができる。

　なお、契約類型によっては、その契約類型に特有の解除権が認められることがある。例えば、賃貸借契約においては、賃借人が、賃貸人に無断で賃借物を転貸したような場合には、賃貸人は賃貸借契約を解除することができる（612条2項）。この他にも、請負契約に関する641条、委任契約に関する651条1項なども重要である。

④**損害賠償の請求**　さらに、買主は、売主が義務を履行しなかったために（買主に）生じた損害の賠償を請求することもできる（415条）。もっとも、普通は、契約を解除して代金を返してもらえば損害はない。ただ、例えば、100万円で買った物を別の者に150万円で売ることになっていたような場合には、売主の契約違反のために、50万円の差額（「転売利益」という）をもうけ損なってしまう。このようなときには、契約を解除して代金（100万円）を返してもらっただけでは気がすまないので、その50万円を損害として請求することになろう。

　ただし、「別の者に売って差額を儲けることになっていた」というのは

買主側の「内部の事情」であり、売主が知っているとは限らない。そこで、このような「特別の事情による損害」については、その事情を予見すべき場合でなければ請求することができないとされている（416条2項）。

［執行手続の概略］

　前述（102頁）したように、裁判をして判決を得た後に、判決を強制的に実現する手続を「執行（または強制執行）」という。判決手続（＝判決を得るまでの手続）については民事訴訟法が規定しているが、判決を実現するための執行手続については「民事執行法」が定めている。執行手続は判決を実現する手続なので、判決の内容によって執行手続も異なる。

①**金銭執行**　多くの判決は「被告は原告に対して金100万円を支払え」というように金銭の支払を命じるが、このような判決を実現する手続を「金銭執行」という（民事執行法43条以下）。このときには、被告（執行の際には「債務者（または執行債務者）」という）の財産を差し押さえて、それを競売等により換金して原告（「債権者（または執行債権者）」）に配当する。債務者のどのような財産を差し押さえるのかによって、「不動産執行」（同法43条以下）、「動産執行」（同法122条以下）および「債権執行」（同法143条以下）に分かれる。どの財産を差し押さえるのかは債権者が選択してよいこととされている。

②**非金銭執行**　金銭の支払を命じる判決以外の判決（例えば、「被告は原告に対して本件建物を明け渡せ」）を実現する手続を「非金銭執行」という（民事執行法168条以下）。この手続は千差万別であり、例えば建物の明渡しを命じる判決を執行するときには、執行官が実力で債務者を追い出してくれる（同法168条1項）。あるいは、原告の土地に被告が勝手に建物を建てたので建物の収去を命じる判決が出たときには、債権者（つまり原告）が建物を取り壊して、その費用を債務者（被告）から取り立てることもできる（民法414条3項、民事執行法171条）。これを「代替執行」という。また、「債務者（被告）は（自発的に）建物を取り壊すまで1日1万円を支払え」という形で強制することも認められる（同法172条および173条1項）。これは「間接強制」と呼ばれる。

第2節●法律行為

1………法律行為の内容（解釈）

[法律行為の解釈]

　ここまでに述べたように、契約が成立すれば、当事者の意思に従って権利や義務が発生する。そこで、まず、当事者の意思がどのようなものであったかを確定する必要がある。当事者の意思は契約書に書いてあるので、通常は、契約書を読めば済む。しかし、契約書の内容が明確であるとは限らない。そこで、法律行為を「解釈」する必要が生じる。

①真意の探究　解釈にあたっては、契約書の文言に形式的にこだわるのではなく、当事者の真の意図を探究しなければならない。例えば、アパートの賃貸借契約書に「契約期間2年」と書かれていても、「転勤等で借りる必要がなくなったときでも2年間は解約できない」という意味ではなく、「2年間は同じ条件で貸し、賃料の増額等は求めない」趣旨であると解釈されるのが通常である。場合によっては契約書の文言とは全く異なった解釈がされることもあり、これを「例文解釈」という。

②客観的解釈　ただし、当事者の真の意図を探究するとはいっても、外部に全く表現されていない当事者の内心の意思を考慮するという意味ではない。客観的に表現されている意思を探究するのである。例えば、「100万円」と書くつもりでうっかり「100円」と書いた場合には、もちろん「100円」と解釈される。間違えた方が悪いのであり、後は、95条が適用されるか否かの問題となる（後述121頁）。

③補充的解釈　さて、当事者が全く予想していなかった事態が生じたようなときには、当事者の意思（主観的なものであれ客観的なものであれ）は問題解決の指針とはならず、このときには、法律や慣習等を参考にして解決方法を探すしかない。これをも契約解釈と呼ぶこともあるが、「当事者の意思の探究」という意味での解釈とは性質が異なっているので、契約の「補充的解釈」という。

2………法律行為の効力（有効性）

　以上のようにして、探究された意思に従って契約から権利や義務が生じ

るが、しかし、前述（第4章冒頭（97頁））のように、場合によっては契約が無効とされたり取り消されたりすることがある。このときには、権利や義務は生じない。

[「成立／不成立」と「有効／無効」]

　なお、契約が無効とされたり取り消されたりするときでも、契約は「成立」はしている。「成立／不成立」と「有効／無効」とは区別してほしい。「成立／不成立」とは、前述（第1節（98頁））のように、申込みと承諾とが（客観的に）合致しているか否かの問題である。合致しなければ契約は成立しないが、合致すれば成立する。そして、契約が成立すれば、原則として契約は有効であり権利や義務が発生するが、例外的に、契約が無効とされたり取り消されたりして権利や義務が生じないこともある。

　契約が無効とされたり取り消されたりする場合は、大きくは3つある。

　　①当事者に意思能力がなかったり、行為能力が制限されていた場合：これについては第1章第1節（21頁以下）で述べた。

　　②契約の内容が、公の秩序や善良な風俗に反する場合：本節（第4章第2節（108頁以下））で説明する。

　　③契約をする意思が当事者にはなかったり、自由な意思決定が妨げられていた場合：次節（113頁以下）で説明する。

　しかし、「成立／不成立」と「有効／無効」との区別には問題も多い。これについては再論したい（後述128頁）。

[公序良俗]

　90条によれば「公の秩序や善良な風俗」（公序良俗）に反する法律行為は無効である。例えば、人を殺す旨の契約やアヘン等の禁制品の売買契約は無効であり、このような契約からは権利や義務は生じない。そもそも、人を殺すことやアヘンを販売することは法によって禁止されているので（それぞれ刑法199条および同法136条）、そのようなことを目的とする契約が有効であるわけがない。

(1) 法律に違反する場合

[強行法規と任意法規]

　ただし、法律に触れる法律行為がすべて無効とされるわけではない。法律にも「公の秩序に関する法律」と「公の秩序に関しない法律」とがあるところ、後者（公の秩序に関しない法律）については、これと契約とが異なるときには契約の方が優先する（91条）。このような法律を「任意法規」と呼び、例えば573条などは任意法規である。573条によれば、例えば自転車の売買契約で、自転車を5月1日に引き渡すべきこととされたときには代金も5月1日に支払うべきものと推定される。しかし、当事者の合意によって「自転車は5月1日に引き渡すが代金は6月1日でよい」と決めることは、もちろん自由である。代金の支払期日を特に定めなかった場合に、573条が意味を持つ。

　任意法規とは「守らなくともよい」法律という意味である。守らなくともよい法律に、法律としての意味があるのか疑問に思う者もあるかもしれないが、573条のように、当事者が特に契約で定めなかった事項について、契約を「補充」する程度の意味は有するのである。

[法律に違反する場合①──強行法規違反の法律行為]

　任意法規に対して、「公の秩序に関する法律」を「強行法規」といい、これに反する法律行為は無効となる。例えば3条によれば出生するまでは権利能力は認められないのであるから、当事者の合意によって胎児に権利能力を認めることは許されない。

　ある条文が強行法規か任意法規かは、どのようにして見分けるのであろうか。

　①条文の表現からわかることもある。例えば、404条では「別段の意思表示がないときは」とされている。つまり、特約があるなら404条は適用されない。また、573条で「推定する」と書いてあるのは「契約で特に定めない限り」という趣旨であり、これも任意法規であることがわかる。さらに、借地借家法16条には「第10条……に反する特約で借地権者又は転借地権者に不利なものは、無効とする」とはっきり書かれている。なお、このときには、借地借家法に反していても借地権者に有利な特約は有効であり、このような法律を「片面的強行法規」という。

②条文からはわからないときには解釈で決めるしかない。一般的には、物権法（民法第2編）や家族法（民法第4編および第5編）に規定されている条文は強行法規である。物権は当事者の合意によって作ることが許されないし（175条参照）、家族秩序も同様だからである。これに対して、債権法（民法第3編）の条文は任意法規であることが多いが、しかし、特定の者を保護するための法規（利息制限法、借地借家法や消費者契約法など）は強行法規（それも片面的強行法規）であることが多い。

なお、明らかに強行法規に違反しているわけではないが実質的には違反する法律行為を「脱法行為」という。このときにも法律行為は無効とされる（大判昭和16年8月26日民集20巻1108頁）。

この事件では、恩給を担保にして借金をすることが問題となった。恩給は特定の個人に与えられるものであるから、恩給を受ける権利を（他人に）譲渡したり担保にすることは禁止されていた。そこで、恩給を受領する権限を委任（643条）することが行われた。例えばAが恩給を受ける権利を有するときに、AがBから金を借りて、その代わりに、恩給を受領する権限をBに委任する。Bは、Aの代わりに恩給を受け取り、本来なら（受け取った恩給を）Aに渡すべきところを、借金に充てるのである。大審院は、これは実質的には恩給を担保にしたことになるとして、このような契約は無効であるとした（この事件では貸主Bが恩給を受ける権利をCに復委任しており、それが問題とされたのである）。ただし、この問題（恩給担保）に限っていえば、そもそも恩給の担保を全面的に禁じたことが妥当であったかに疑問があり、恩給法はその後改正された。

［法律に違反する場合②——取締法規違反の法律行為］

免許制度のように行政上の政策に基づいて取引を取り締まる法律を「取締法規」と呼んで、「強行法規」とは区別する。例えば、当時の食品衛生法21条によれば牛肉を販売するには知事の許可が必要であり、これに反すると刑罰が科される。このような取締法規は一見したところは「公の秩序に関する法律」のように見えるので、取締法規に違反する法律行為（無許可の食肉業者との売買契約）は無効とすべきようにも思える。しかし、無許可の業者は刑罰を受けるべきであるとしても、その業者と顧客との取引まで無効とすべき必要性は小さいし、さらに、その業者から買った買主が商品を受け取った後になって「お前は無許可営業だろう」といって代金を払わないで済むのはかえって不公平である。本当は買主も商品を返還しなければ

ならないはずなのだが。もっとも民法708条が適用されて返還不要となることもある。そこで、「取締法規に違反する」というだけでは法律行為が無効とされるとは限らないと解釈されている（最判昭和35年3月18日民集14巻4号483頁）。もっとも、法律行為が無効とされる場合ももちろんある。無効とするべきか否かは、以下のような事情を考慮して決定される。

①免許制度が定められている場合に、免許を有する業者が（免許を有しない）他人に自分の名義で取引をすることを許す契約（名板貸契約）は無効であろう。前述したように、名義を借りた（無免許の）業者が顧客とした取引を無効とする必要はないが、しかし、無免許の者への名義貸しを認めては、免許制度の意味がないからである。

②また、例えば前述の例で、買主が商品を受け取る前なら、契約を無効としても不公平は生じない。それどころか、契約が有効であるとすると、買主は（無免許の）売主に対して商品の引渡しを請求できることになるが、これでは法の趣旨に反するであろう。

③さらに、特に危険な取引については、禁止の趣旨を徹底させるために（商品を受け取った後でも）契約を無効とすべきこともあろう。例えば、最判昭和39年1月23日民集18巻1号37頁では有毒性物質が混入しているアラレの売買代金の決済のための手形の効力が問題となったが、最高裁は、90条に違反して無効であるとした。買主は商品を受領しつつ代金を支払わないで済んだわけであるが、有害な食品を流通させるような悪質な取引は、当事者間に多少の不公平が生じても無効とされるべきなのである。最近では、消費者保護のための取締法規についても、消費者保護を徹底させるためには、取締に違反する取引を無効としてもよいのではないかという提案もある。

なお、両当事者が意図的に法律に違反した場合も、悪質なので契約を無効とすべきであるという主張もあり、このような例として、前述の最判昭和39年1月23日の事件が引用されることもある。売主は有毒なのではないかと疑いつつも製造・販売を続けていたのである。

(2)　（狭義の）公序良俗に反する場合

［公序良俗に関する判例の分類］

ここまでは法律に反する法律行為の効力について論じてきたが、妾契約

などの場合には、特に禁止する法律がなくとも、公の秩序や善良な風俗に反する法律行為として無効である。もっとも、単に「公の秩序または善良なる風俗に反する法律行為」といっても漠然とし過ぎているので、判例により公序良俗に反するとされた行為を分類して、以下のように論じられることが多い。

①**財産的秩序に反する行為**　相手方の無思慮や窮迫に乗じて暴利を貪る行為（いわゆる「暴利行為」）が典型例とされる。例えば、相手方が病気のために金銭に窮しているのにつけ込んで高い土地を不当に安く買いたたくような場合が考えられる。かつては、金を貸付け、貸付額をはるかに上回る価値の担保物を提供させる契約が問題とされた。しかし、今では、担保物の価値が貸付額を上回る場合には「清算義務」が認められているので（仮登記担保法３条参照）、逆に言えば、貸付額を上回る担保物を提供させても暴利行為となる余地はない。なお、典型的な暴利行為とは、このように「相手方の無思慮や窮迫に付け込む」場合を指し、そうでないなら、どのような契約をするかは当事者の自由である（高い土地を安く取引すること自体が悪いわけではない）。しかし、無思慮や窮迫に乗じたのではなくとも、極端に一方に不利益な契約（奴隷になる契約等）は無効であろう。

　さらに、賭け事のような「射倖契約」も、財産的秩序に反する行為の典型例の１つである。利益と危険のバランスがとれているなら「不公平な契約」ではないかもしれないが、このような契約は、健全な勤労意欲を失わせる点で公序良俗に反するのである。

②**倫理的秩序に反する行為**　妾契約が典型例である。もっとも、妾に「手切れ金」を払う場合には有効とされることもある。典型例な妾契約（例えば、「不倫な関係を続けるなら月20万円ずつ支払う」契約）は不倫な関係を「奨励（?）」する方向に作用するが、手切れ金には、そのような意味はないからである。

③**その他人権を侵害する行為**　戦前から戦後にかけては「芸娼妓契約」が問題とされた。例えば、娘の父親に大金（「前借金」）を貸し付けて、その代わりに、娘を芸娼妓として働かせ、その報酬の中から（父親の）借金を返済させる契約である。こうすると、娘は（父親の）借金を完済できるまで長期間拘束されることになり、事実上、人身売買になってしまう（娘の「身売り」と呼んだ）。戦前は、父親への貸付と娘の拘束とに分け、後者は90条に違反して無効であるが前者は有効である（借金は返済しなければなら

ない）と判決されたが、戦後になって、「娘を拘束して働かせる『からこ
そ』父親に前借金を貸し付ける」点に注目して、両者は一体なので全部が
無効となると判決された（最判昭和30年10月7日民集9巻11号1616頁）。なお、
貸付を無効としても借りた金は不当利得（703条以下）として返還しなければならない
ように思われるかもしれないが、このときには、708条が適用されるので返還の必要は
ない。

　近年では、「ホステスの保証契約」が問題とされた。クラブでの客の飲
食代金について「（その客を接待した）ホステスが保証をするならツケを認
める」店があり、客が代金を踏み倒した場合には、店はホステス相手に請
求するのである。しかし、本来なら、客が代金を払わないときには店がリ
スクを負うのが普通であろう。では、なぜ普通でないリスクをホステスが
負うのか。店の条件に従わないと（その店で）働けないからであり、つま
り、店は「優越的地位」を濫用してホステスに不合理なリスクを押し付け
ているといえる。そこで、このような契約は90条に反して無効ではないの
かが問題とされたのである（例えば、最判昭和61年11月20日判時1220号61頁。
もっとも、この事件では、種々の事情を考慮して無効ではないと判決された）。

　なお、女性は結婚したら（当然に）退職するという「結婚退職制」や女
性のみに若い定年を設定する「若年定年制」も90条に違反して無効である
とされる。これらは憲法14条の「法の下の平等」に反するが、しかし、憲
法とは基本的には国家と国民との関係を定めた法律であり（前述2頁参照）、
これが私人間に直接適用されるかには異論も多い。そこで、憲法に反する
ような契約は、民法90条の公序良俗にも反するので無効となると解釈する
のである（憲法の「間接適用説」）。民法90条は、このように、憲法的秩序
を私人間に持ち込むための「入口」とされることもある。なお、最近では、
民法90条をめぐる議論全体を、憲法によって要求される人権保障の一環と
して再構成しようとする議論もある。

　以上は、判例で公序良俗違反とされた事例の分類であるが、将来、これ
以外の類型が出現する可能性がないわけではない。この意味で、論理的な
必然性がある分類ではないが、しかし、公序良俗の概念について具体的な
イメージをつかむ手がかりにはなろう。

［動機の不法］

　契約の内容自体は公序良俗に反しないが、契約をした動機が正当なものではない場合がある。例えば、人を殺すためにナイフを買った場合であり（ナイフを買うこと自体は違法ではない）、このような法律行為が90条に違反して無効とされるかが問題となった。

　一般論として、契約の「内容」と契約の「動機」とは区別される。例えば、自動車の売買契約を考えるなら、自動車を買う動機は人によって様々である。「通勤のため」に買う者もあれば「通学のため」に買う者もあるだろうし、また、「遊びのため」に買う場合もあるが、しかし、どの場合でも自動車の売買契約の内容は同一であろう。動機とは人によって異なる主観的なものだが、契約の内容は客観的に定まるのである。なお、契約の「動機」と契約の「目的」も区別してほしい。動機とは、上述のように、人によって異なる主観的な事情（通勤、通学または遊び）だが、契約の「目的」という場合には、より客観的な意図が考えられている。これは、契約解除の要件として使われることが多い（542条１項４号など）。契約の目的とは、契約内容のことであると言い換えてもよい。

　さて、契約の動機と契約の内容とは別なのであるから、契約をした動機が不法であったとしても、契約内容が適法であるなら契約は（原則として）有効である。そうでないと、人を殺すためにナイフを買った場合にはナイフの売買契約は無効とされ、買主は代金を払わなくてもよいことになってしまう。なお、「契約の動機は契約内容ではないから、動機が不法であっても契約は有効である」という論法はいかにも形式的に思われるかもしれないが、この論法は、取引の安全を保護するのに役立っている。前述のように、動機とは人によって異なる主観的なものであるところ、このような（本人にしかわからない）主観的な事情によって契約が無効とされるのでは、取引の相手方が気の毒だからである。

　これを裏返せば、その事情が相手方にわかっていたなら契約を無効にしてもよいことになろう。借主が賭博による借金の返済に充てることを知りつつ金を貸し付けた場合には、その貸付が無効になるとした判決がある（大判昭和13年３月30日民集17巻578頁）。もっとも、買主の動機が不法であることを売主が知っていた場合に「常に」契約が無効となるわけではない。例えば、買主が人を殺すつもりであることを知りつつナイフを売った場合には、売主が被害者に対して責任を負う可能性があるとしても（719条２項）、買主がナイフの代金を払わなくてよいわけではあるまい。動機のみ

ならず、さらに他の事情をも考慮して決めるべき問題である。上記の大判昭和13年3月30日でも、貸し付けると借主がさらに賭博にのめり込むであろう点に重大な違法性が見いだされたのである。

[慣習]

　任意法規とは異なる慣習がある場合で、当事者がその慣習に従う意思があるときには、慣習が適用される（92条）。もっとも、契約書に「慣習に従います」と記載されている必要はなく、むしろ「慣習は適用されないものとする」と書かない限り慣習が通用するものと解釈されている。慣習とは「業界の常識」であるところ、常識には従うのが普通だからである。

　なお、一般論として、慣習が法としての効力を有する「慣習法」となるには（法の適用に関する通則法3条）、単に事実としての慣行が存在するだけではなく、それが国民の法的確信に支えられている必要がある。法の裏をかく「慣行」などいくらでもあるが、そんなものを「慣習法」として認めるわけにはいかないからである。さて、民法92条の場合には、慣習に従う旨の当事者の意思が「法的確信」に相当するのであろう。そうだとすると、92条が「慣習」と呼んでいるのは、法的確信の有無を問わない（それ以前の）「事実としての慣行」であることになる。そこで、92条にいう「慣習」を、法の適用に関する通則法3条の「慣習」（慣習法）とは区別して、「事実たる慣習」と呼ぶこともある。もっとも、これが法的効力を有するためには慣習に従う旨の当事者の意思が必要なのだから実質的には大差ないので、この2つの概念を神経質に使い分ける必要はない。

第3節●意思表示

[法律行為と意思表示]

　93条以下は、「意思表示」の効力（どのような場合に有効であり、どのような場合に無効となるか）について規定している。さて、法律行為とは「当事者が意図的に権利や義務を発生させる行為」であるから、法律行為の中には、権利や義務を発生させる旨の当事者の意思が表現されている。例えば、契約書には「売主Aは本件土地の所有権を買主Bに移転し、買主Bは代金100万円を売主Aに支払う」旨の両当事者の意思が表現されているし、遺言にも「私（A）が死んだら本件土地をBに遺贈する」と当事者の意思が表現されている。このように、当事者の意思を表現している部分を「意思表示」と呼ぶ。

　意思表示と法律行為とは、必ずしも一致しない。例えば、契約とは、申込みと承諾という意思表示が合致して成立する法律行為である（前述98頁）。つまり、意思表示は2つあるが、法律行為としては1つである。さらに、例えば587条による消費貸借契約は、物を受け取られなければ成立しない「要物契約」であった（前述98頁参照）。つまり、意思表示だけでは契約は成立しないので、この場合にも、「意思表示＝法律行為」ではない。

　このように、意思表示のみで法律行為が成立するとは限らないから、意思表示とは法律行為の「部分」である。しかし、意思表示のみで法律行為が成立するとは限らないが、他方で、意思表示のない法律行為は考えられないので、「意思表示は法律行為の『不可欠の部分』である」という意味で「意思表示は法律行為の『要素』である」といわれることもある。しかし、読者は、当面は、意思表示と法律行為とを神経質に区別する必要はない。

1………意思表示の成立要件

　意思表示についても、法律行為の場合と同様に（前述（105頁））、「成立」の問題（成立するか不成立か）と「効力」の問題（有効か無効か）とを区別できる。まず、どのような場合に意思表示が成立するかについて説明するが、これについては民法には条文がないので解釈によって補わなければならない。

［客観的成立要件（表示行為）］

　意思表示がされたといえるためには、まず、客観的に見て「意思表示がされた」といえるだけの行為（表示行為）がなければなるまい。例えば、俳優が舞台の上での演技として「契約書」に署名しても、これが、法的な意味での契約書として通用しないことは当然であろう。

　また、はっきりと（「明示に」という）意思を表示する必要はなく、その場の状況から当人の意思が推測できる程度でよい。これを「黙示」の意思表示という（明示か黙示かは「程度の差」に過ぎないが）。ただし、一方的に「返答がないときには承諾いただいたものとみなします」などと言っても、沈黙が、承諾として通用するわけではない。

　なお、ある一定の方式で意思表示をしなければ法的な効果はないとされることもあり、これを「要式行為」という。例えば、フランスでは一定金額以上の契約については契約書を作成することが要求されるし（フランス民法1341条）、また、ドイツでは不動産取引には公正証書が必要である（ドイツ民法925条）。日本では、保証契約には書面が要求され（日本民法446条2項）、遺言について一定の方式が要求されるが（同960条以下）、これ以外には、方式が要求されることは少ない。したがって、日本では、全くの口約束でも法的には有効である（後日の証拠のために契約書を作成するのが普通であるが）。

［主観的成立要件］

　しかし、いかに客観的には表示行為があったとしても、それが当人の意思に基づくものでなければ意思表示は成立しないとされている。意思表示が成立すれば権利や義務が生じるところ、当人の意思に基づかない行為によって法的責任が生じては気の毒だからである。意思表示をする過程における表示者の意思は、通常、次の3つに分けられる。

①効果意思　前述したように、法律行為とは「当事者が意図的に権利や義務を発生させる行為」であるので、法律行為をする当事者には「権利や義務を発生させよう」という意思がある。法律行為によって権利や義務が生じることを法律行為の「効果」と呼ぶので、ある権利や義務の発生を欲する意思を「効果意思」という。これは、単なる社交辞令ではなく「法律上の拘束力を発生させよう」という意思でなければならない。カフェーの女給相手に「独立の資金として400円あげよう」といったケースで、大判昭

和10年4月25日新聞3835号5頁は、女給と遊興の際に歓心を買うための約束は法的な意味での強制力を有するものではないとした。

　もっとも、効果意思の有無は当人の主観的な内心の問題ではなく、その場の状況から客観的に判断されるべきであるとされている（そもそも「100万円」というつもりで「100円」と表示したときには「100円」と解釈される（前述104頁））。外部から客観的に見て「効果意思がある」と判断されるなら、内心は効果意思がなかったとしても法律行為は成立し、後は、後述（121頁）する錯誤の問題（95条）として処理される。上記の大判昭和10年4月25日の事件においては、単に歓心を買うための「リップサービス」に過ぎないことは相手の女給にもわかっていたはずであろう。つまり、効果意思がないことは外部からもわかった場合なので、法的な強制力はないとされたのである。したがって、厳密に言えば、効果意思は意思表示の客観的成立要件である。

②**行為意思**　意思表示をした者が自分の意思に基づいて行為をしたのでなければ意思表示は成立しないと解されており、これを「行為意思」という。例えば、催眠状態で契約書に署名をした者には行為意思が欠けている。催眠状態で署名をした場合には効果意思もないように見える。しかし、前述したように効果意思の有無は客観的に判断されるところ、契約書を客観的に見れば効果意思はあると判断されるであろう。ここでは、そもそも行為意思すらないことが問題なのである。

③**表示意思**　「何か意思表示をしている」という意識を「表示意思（表示意識）」という。例えば、契約書の草案に過ぎないと思って署名したところ本当の契約書であった場合には、催眠状態で署名をしたわけではないのだから、行為意思はある。しかし、単なる草案だと誤解して署名した者は、法的な意味での「意思表示」だとは思っていなかったのだから、表示意思はない。もっとも、通説は、表示意思の有無は、効果意思の場合と同様に、主観的な内心の問題ではないとする。したがって、表示意思がなかった場合でも意思表示は成立し、後は、後述（121頁）する錯誤の問題（95条）として処理すべきことになる。

　このように、意思表示の過程における当事者の意思は、効果意思、行為意思および表示意思に分けて分析されているが、結局、意思表示の主観的成立要件として本当に必要なのは行為意思だけである。効果意思や表示意思については、外部から客観的に見て意思があるように見えればよい。

　なお、意思能力との関係にも注意を要する。意思能力とは冷静に判断し

て取引をする能力であり（前述33頁）、意思の有無とは関係ない。例えば、精神病等により一時的に冷静な判断能力を失って取引をした場合には、行為者に意思能力がなかったとして無効とされることもあろうが、この場合でも、効果意思や行為意思や表示意思は存在するのである。

2………意思表示の効力

　以上の成立要件を満たせば意思表示は成立する。成立すれば、意思表示は原則として有効であるが、一定の場合には、無効とされたり、取り消すことが認められたりする。以下に詳述しよう。

(1) 心裡留保

　93条によれば、わざと真意とは異なる意思表示をしたときでも、意思表示は有効である（同条1項本文）。例えば、買うつもりもないのに「買う」と表示した場合には、意思表示は「買う」という表示として有効である。実際の意図を内心に留保していた場合という意味で「心裡留保」という。しかし、買うつもりがないことが、相手方にもわかっていたか、その場の状況からわかったはずであるときには、意思表示は無効とされる（同条1項ただし書）。ただし、この無効を、善意の第三者に対抗することはできない（同条2項）。

[意思主義と表示主義]

　法律行為により権利や義務が発生するが、前述の例のように実際の意図に合わないときに、それでも法律上有効なのかが問題となった。法律行為とは「当事者が意図的に権利や義務を発生させる行為」であり、つまり、権利や義務が発生するのは当人が（権利や義務の発生を）望んだからである。それなら、当人が望んでいないなら意思表示は無効となるべきであるともいえ、このように意思を重視する考え方を「意思主義」と呼ぶ。他方、人間の内心の意思は、表示されなければ相手方にはわからない。相手方には分からない事情によって取引が無効となっては相手方が気の毒なので、取引の安全（前述39頁）を保護するためには表示を有効とするべきであるという反論もある。これが「表示主義」である。

93条の場合にも、買うつもりがないとしても「買う」と表示すれば相手方は「買ってくれるのであろう」と信頼してしまうし、他方、買うつもりもないのにわざと「買う」などと表示した者を保護する必要はない。そこで、実際の意図とは異なるにもかかわらず、表示は有効とされたのである。しかし、その場の状況から、買うつもりがないことが相手方にもわかっていたかわかったはずである場合には、相手方を保護する必要はない。そこで、この場合には原則に戻って表示は無効とされる。このように、意思主義と表示主義とは「使い分け」がされる。

[旧93条ただし書の類推適用]

買うつもりがないのに「買う」と表示したなどという事件は現実にはない。かつては、この条文は、代理人が権限を濫用し、しかも、相手方も権限の濫用であることを知っていた場合に類推適用されることが多かった。代理権の「濫用」とは、代理人が代理権の範囲内で取引をしたが、その代理権を自分の私益のために使った場合を指す。これに対して代理権の「逸脱」とは、そもそも代理権の範囲を超えて取引をした場合である。例えば、アパートの所有者からアパートの管理を任された管理人は、アパートの管理に必要な範囲（賃料の受領など）では代理権を有するであろうが、アパートを売却する権限はない。したがって、管理人が（所有者に）無断でアパートを売却すれば代理権の逸脱になる。これに対して、着服するつもりで賃料を受領した場合には、賃料を受領する権限はあるので、これは代理権の濫用である。しかし、平成29年の改正により、代理権の濫用に関する107条が新設されたので、第5章で改めて解説する（149頁参照）。

(2) 通謀虚偽表示

94条については前述（89頁）したので繰り返しになるが、改めて説明しよう。両当事者が通謀して虚偽の（＝真意とは異なる）意思表示をしたときには無効であり（94条1項）、これを「通謀虚偽表示」という。例えば、AがBに「私の土地を買ったことにしてくれれば税金対策上都合がいいんだけどなぁ」と持ちかけ、両者で仮想の契約書を作ったとしよう。このような契約書はもちろん無効であり、後でAが、契約書を持ち出して代金を請求しても、Bは「契約書はウソという約束でしょ」と反論することが許される。

ただし、契約書が無効である旨を、善意の第三者に対して対抗すること
はできない（94条2項）。例えば上記の例で、Bが契約書をCに見せて「あ
の土地は私（B）がAから買ったのだけど、君（C）に売ってあげよう」
と言い、Cもこれを信用してBから買った場合には、Aは、その契約書
が無効である旨をCに対して主張することができない。結局、Cとの関
係では契約書が有効であるかのように扱うことになるのでCは所有権を
取得し、反射的にAの所有権は消滅する。ウソの契約書などでっち上げ
た方が悪いのである。

［第三者の範囲①──表示を信頼して取引した者］

　94条2項は「第三者」を特に制限していないが、しかし、表示に対する
信頼の保護という94条2項の趣旨から、この第三者は「表示を信頼して取
引した者」に限定されると解釈されている。前述のように、ウソの契約書
を信じてBから買ったCのような転得者などである。買主からさらに買った
者を「転得者」という（前述26頁参照）。

　これに対して、例えば、Aの土地にB銀行のために抵当権が設定され
た後にC銀行のために（第2順位の）抵当権が設定されたところ、Bが抵
当権を放棄し、しかし、これ（抵当権の放棄）が虚偽表示であった場合に
は、Cは「第三者」ではない。Bが抵当権を放棄すればCの抵当権の順
位が（第1順位に）上昇するところ、Bの放棄が虚偽表示として無効にな
ると、Cの抵当権は再び第2順位に戻ってしまう。そこで、Cとしては
「自分（C）は94条2項の第三者なので、Bの抵当権放棄が無効であるこ
とを自分（C）に対して対抗することはできないはずである」と主張した
いであろう。しかし、Cは、もともと第2順位の抵当権者だったのであり、
Bの抵当権放棄を前提として（＝自分（C）が第1順位だと思って）抵当権
を設定したわけではない。つまり、Cは「表示（Bの抵当権放棄）を信頼
して取引（抵当権設定）した第三者」ではないので、94条2項による保護
を受ける資格がないのである。もし、Bが抵当権を放棄した後に（したが
って自分（C）が第1順位であると信じて）Cが抵当権を設定したのなら、
94条2項が適用されるかもしれない。

　94条2項の「第三者」とならない例をもう1つ挙げよう。前述（101頁）したように、
賃借人は賃貸人に無断で賃借権を譲渡することは許されず、このときには（＝賃借人が
賃借権を無断譲渡すれば）、賃貸人は賃貸借契約を解除できる（612条）。さて、AがB

に建物を賃貸していたところ、Bが無断で賃借権をCに譲渡し、しかし、この譲渡はBとCとの虚偽表示であって無効であるとしよう。この場合に、Aは、「賃借権の譲渡の無効を第三者である自分（A）に対抗することは許されない（だから賃貸借契約を解除する）」とは主張できない（最判昭和38年11月28日民集17巻11号1446頁）。Aは、虚偽の表示（BとCとの仮想譲渡）を信頼して取引（Bへの賃貸）をしたわけではないからである。

［問題4：第三者の範囲②──第三者からの転得者］

1．AがBに「私（A）の土地を買ったことにしてくれると税金対策上都合がいいんだけどなぁ」と持ちかけて両者で仮想の契約書を作ったところ、その後、Bが土地をCに売却し、さらに、CがDに売却した。Cは悪意（＝AとBとの売買が仮想であることを知っていた）であったが、Dは善意である場合の法律関係について論じなさい。

2．1．と同じ事実関係で、ただ、Cは善意であったがDが悪意であった場合はどうか。

［解説］

1．AとBとが「Aの土地をBに売る」旨の仮想の売買契約をした後にBがCに土地を売ったとしても、Cが悪意なら94条2項は適用されず、AはCに対しては「売買契約が無効である」旨を主張して土地の返還を請求できる。しかし、小問1のように、Cが、さらに、善意のDに土地を売ってしまったらどうなるか。最判昭和45年7月24日民集24巻7号1116頁は、第三者からの転得者（D）も94条2項の「第三者」に該当するので、Dが善意であるなら（Cは悪意であっても）保護される（＝AはDに対しては「AとBとの売買契約は無効である」旨主張できない）と判決した。これは理解しやすいであろう。

2．それでは、小問2のように、Cは善意であったが、Cから買ったDが悪意であった場合はどうであろうか？　大判昭和10年5月31日民集14巻1220頁は、Cは94条2項によって保護されて所有権を取得するので、Cから買ったDは、悪意であっても所有権を取得できるとした。結論は妥当であるが、しかし、この論法は、上記の最判昭和45年7月24日と矛盾するように見える。大判昭和10年5月31日の理論によるなら、Cが悪意でDが善意である場合には、Cは94条2項によって保

護されず所有権を取得できないので、Cから買ったDも（善意であっても）所有権を取得できないはずだからである（最判昭和45年7月24日の事件では、上告人（A）は大判昭和10年5月31日を根拠として上告したのであった）。

　この2つの判決を矛盾なく説明しようとするなら、「善意者が介在するなら後に取得した者は悪意であっても保護される」と考えれば「Cが善意であるならDは悪意であっても保護されるし、Cが悪意であってもDは善意なら保護される」という結論を導くことができる。判例を分析するときには、個々の判決で何が根拠とされているのかも重要ではあるが、前述のように、「判決は『全体として』どのようなルールに従っているのか」という観点から見ることも重要である（これは英米法（前述8頁）の判例研究の方法である）。これにより、実務での「生きた法」を知ることができる。そして、判例の態度は、妥当であろう。善意者が介在しても後に取得した者が悪意であるなら保護されないとすると、どこまで行っても法律関係が安定しないからである。

　Dが「悪意」というとDが悪人であるかのような錯覚を起こすが、ここでの悪意とは「AとBとの取引が仮想であることを知っていた」という意味である。Dに売った者（C）の権利が不当なものであることを知っていたならともかく、前主（C）の前主（B）という「2代前」の事情を知っていたことが、それ程の非難に値するのであろうか。「悪意」という言葉に惑わされてはいけないのである。

　似たような問題は、例えば32条1項2文などでも考えられる。つまり、同条によれば失踪宣告が取り消されても善意者は保護されるところ、その善意者から転得した者が悪意であった場合、あるいは、悪意者（この者は保護されない）から転得した者が善意であった場合はどうかという問題である（各自で考えてほしい）。もっとも、32条の状況は94条とは異なるので、結論も異なってよい。94条の場合には虚偽の意思表示をした者を保護すべき必要性は少ないが、32条の場合は別だからである。

［第三者の範囲③──登記の要否］

　AがBに土地を仮想譲渡して登記もBに移転し、その後、Bが善意のCに転売して登記もCに移転すれば、もちろんCは94条2項によって保

護される。それでは、BがCに転売したが、未だ登記はCに移転していない段階ならどうであろうか？

同様の問題は、545条1項にもある（前述84頁）。例えば、AがBに土地を売却したがBが代金を支払わないので契約を解除した場合でも、Bが解除前に土地をCに売ってしまった場合にはCは保護されるところ（同条1項ただし書）、545条1項ただし書の「第三者」といえるためには登記が必要であると解釈されている（最判昭和33年6月14日民集12巻9号1449頁）。つまり、BがCに土地を売って登記もCに移転したのなら無論Cは保護されるが、Aが契約を解除した時点で未だ登記はCに移転していないなら、CよりもAの方が保護されて、登記のないCには545条1項ただし書は適用されず、AはCに対して「自分（A）が所有権者である」旨主張して土地の返還を求めることができるとされている。

しかし、94条2項に関しては、Cには登記は不要であると解されている（最判昭和44年5月27日民集23巻6号998頁）。96条3項でも同じ問題があるので、そこでまとめて解説しよう（後述130頁）。

［94条2項の類推適用］

既に述べたことであるが、Aの不動産につきB名義に登記がされており、これを見て、Cが「これはBの所有物である」と誤信してBから買った場合に94条2項が類推適用されることがある（最判昭和29年8月20日民集8巻8号1505頁他）。そうすると、Aは、Cに対して「B名義の登記は無効である」旨対抗することができず、Cは所有権を取得し、反射的にAの所有権は消滅する。結局、登記に公信力を認めたのと同じような結論になる（前述88頁）。

(3)　錯誤

［2種類の錯誤］

95条1項によれば重要な錯誤（かつては「要素の錯誤」といった）に基づく意思表示は取り消すことができるが、錯誤にも2種類ある。

　①表示に対応する意思がない場合（同条1項1号）：例えば、Aが立派な建物（甲）とボロい建物（乙）とを所有していたが、「もう乙は売ってしまおう」と思ってBに「私の所有する建物を買わないか」

と持ちかけたところ、Bは、Aが甲を所有していることは知っていたが（甲とは別に）乙をも所有しているとは思わなかったので、甲のことであると誤解して「あれ（甲）なら安い」と思って（乙を買う旨の）契約書に署名したような場合である。契約書には「乙を買う」と書かれているが、Bには乙を買う意思はない。また、「甲」と書くつもりだったのに間違えて「乙」と書いた場合（「表示の錯誤」という）も含まれる。

②意思表示の基礎とされた事情について錯誤がある場合（同条1項2号）：例えば、甲土地には鉄道が敷設される予定があると思って買ったが、実は鉄道が敷設される計画などなかった場合である。このような場合は、甲を買おうと思って甲を買う旨の契約書に署名したのであるから、表示に対応する意思はある。ただ、意思表示の基礎とされた事情について錯誤があったのであり、伝統的には動機の錯誤を呼ばれていた類型である（後述124頁）。

いずれの場合にも、錯誤に基づく取消しは、善意かつ無過失の第三者には対抗できない（95条4項）。

［重要な錯誤］

心裡留保や通謀虚偽表示の場合には、表示者はわざと真意と異なる表示をしたのだから表示者を保護するべき必要性は小さく、そのルールは比較的単純であった（要するに、真意を知らない者に対しては無効を主張できない）。これに対して、錯誤の場合には、表示者はわざと真意と異なる表示をしたわけではない。その分だけ本人を保護する必要がある。

そこで、「重要な錯誤」に基づく意思表示は取り消すことができると規定したのである。重要か否かは法律行為の目的および取引上の社会通念に照らして決められるが（95条1項）、これでもかなり漠然としているので、解釈によって具体化するしかない。この点、通説は、ドイツ民法を参考にして「錯誤がなければ契約をしなかったであろう程」重要な場合と理解している（ドイツ民法119条1項）。しかし、錯誤がなくても（＝真相を知っていても）契約をしたであろう場合なら、後から錯誤に気がついても契約を取り消すことはあるまい。この定義は正当ではあるが、当然過ぎて余り参考にはならない。

[錯誤の類型]

　ドイツ民法（1900年）以前（古代ローマ法からフランス民法まで）においては、「どの点に錯誤があったか」によって分類して論じるのが普通であった。これは今でも、錯誤についての具体的なイメージをつかむためには、有益な分類である。

①人の同一性の錯誤　要するに「人違い」である。これは要素の錯誤に該り、したがって契約は無効となるとした判決がある（最判昭和29年2月12日民集8巻2号465頁）。もっとも、商取引では「相手方が誰か」は重要ではないことも多い。八百屋が大根を売るときにはAには売るがBには売らないなどということは考えられないので、Aだと思って売ったけど実はBであったとしても「錯誤がなければ契約をしなかったであろう程」重要な錯誤ではあるまい。逆に言えば、素人の取引なら「あいつだと思ったから売ってやったのに」ということもあり得るし、上記の最判昭和29年2月12日もそのようなケースだったのである。

②人の性質の錯誤　ある人の性質（国籍・性別など何でもよい）について思い違いをしていた場合である。なお、「人の性質の錯誤」というときには、「人の『同一性』には錯誤はないが（＝人違いではないが）」というニュアンスがあることに注意してほしい。人の同一性の錯誤に比べれば重要性は劣るので、原則として要素の錯誤にならない。もっとも、金を貸すときには相手方の資力は重要な判断要素となるので（貧乏人に金を貸すと返って来ないから）、充分な資力のある者と思って融資をしたが実は無資力であった場合には要素の錯誤となることもあろう。

③物の同一性の錯誤　甲という建物を買うつもりだったのに乙を買う契約書に署名したような場合である。要するに「物を取り違えていた」場合であり、もちろん重要な錯誤である。

④物の性質の錯誤　純金製の指輪だと思って買ったところ金メッキであったような場合である。なお、この例は、宝石店で「この指輪を下さい」と指定して買った場合を前提としている。「純金製の指輪を下さい」といって買ったところ金メッキであった場合には契約違反の問題となり、純金製の指輪と交換してもらうか、契約を解除して代金を返還してもらう等の方法で解決するべきである（前述102頁）。しかし、「この指輪」と指定して「その指輪」を受け取ったのなら、これは契約違反ではない。そこで、錯誤の問題として解決することになる。さて、伝統的な通説は、これを「動機の錯誤」の問題として扱っていたが、95条1項2号では「表意者が

法律行為の基礎とした事情についての認識」の錯誤とされている。続けて説明しよう。

［法律行為の基礎とした事情についての認識］

　例えば、鉄道が敷設される予定地であると誤解して土地を購入したが実際にはそのような予定はなかった場合、土地を買う動機に錯誤があったことになる。このように、錯誤で問題となる動機とは「契約の基礎となる事情についての認識」（鉄道が敷設される予定地であると思ったから買う）であり、90条などで問題となる動機（人を殺すためにナイフを買う）よりは狭い。そして、このような認識に錯誤があったとしても、その土地を買う意思はあるので95条1項1号による取消しはできない。どのような事情を基礎として土地を買うかは人によって異なる主観的なものであるところ（なぜ買主がその土地を買うのかは売主にはわからないこともあろう）、相手方にはわからない主観的な事情によって契約が取り消されたりしては相手方が気の毒だからである。

　したがって、逆に言えば、その事情が法律行為の基礎とされていることが相手方にもわかるはずであるなら、契約の取消しを認めてもよい。かつて、「受胎している良馬である」と思って馬を買ったところ受胎していなかったという事件において、大審院は、動機が表示され、かつ、取引上重要なものであるときには、95条が適用されると判決した（大判大正6年2月24日民録23輯284頁「受胎馬事件」。なお、比較的最近の例として最判平成元年9月14日判時1336号93頁をも参照）。そこで、平成29年改正の際に、法律行為の基礎とされた事情について錯誤があった場合には、その事情が法律行為の基礎とされていることが表示されていたときに限り、契約を取り消すことができるとされたのである（95条2項）。ただし、単に（基礎とされていることが）表示されただけでは足りず——前述のように——それが、客観的に見て取引上重要なものである必要があることに注意を要する。

　なお、通説は、動機が相手方に伝われば「契約内容になるので」錯誤の主張が許されると解する。上記の例（鉄道敷設予定地と誤信して土地を購入）でも、「鉄道敷設予定地だから買う」ことが相手方にわかっているなら「鉄道敷設予定地としての売買契約」になると考えるわけである。たしかに、鉄道敷設予定地である旨を売主が保証したと解釈できる場合もあろう。しかし、「鉄道敷設予定地だから買う」ことが相手方にわかっていたというだけで、契約書に書き込んだわけでもないのに契約内容となるかは疑

問であるし、そうであるなら（契約内容となるなら）、鉄道を敷設する予定がなかった場合には契約違反の問題となるはずであろう。むしろ、「契約をした動機が相手方にもわかっていた」というだけでは契約内容にはならないが、契約を取り消す理由にはなると考えればよいのではないか（前述した最判平成元年9月14日も、このような観点から理解できる）。したがって、私見であるが、95条2項にいう「その事情が法律行為の基礎とされていることが表示されていたとき」とは「その事情が法律行為の基礎とされていることを相手方が知り、または、知り得るとき」程度の意味であり、表意者の表示意思や行為意思は不要であると解釈したい。

　さて、通説は、純金製の指輪だと思って買ったところ金メッキであったような場合（物の性質の錯誤）を、法律行為の基礎とされた事情についての錯誤の問題として扱う。「この指輪」と指定して「その指輪」を受け取ったのであるから「物の取り違え」（物の同一性の錯誤）ではなく、ただ、その物を買うに至った事情の認識が誤っていた（純金製だと思って買ったら金メッキであった）のである。そして、前述のように、この事情が契約の基礎とされたことが相手方に表示されて、かつそれが取引上重要なものであるときには、95条が適用され、契約を取り消すことができる。

[反対説]
　上記のような通説は、2つの面から批判を受けた。平成29年改正前の法律を前提とする議論であるが、法改正後も意義を失なっていないと思われるので、簡単に説明しておく。
①**一元的構成**　既に述べたように、通説は、契約をした動機は契約内容ではないとの理由から、動機の錯誤と契約内容の錯誤とを区別して扱っている（「二元的構成」といわれたりする）。しかし、例えば、純金製の指輪と金メッキの指輪とを「取り違えていた」場合なら（物の同一性の錯誤なので）契約内容の錯誤となるところ、これと、純金製であると思って「この指輪を下さい」と言って買ったのに金メッキであった場合（これは動機の錯誤である）と実質的に差はないとの批判がされた（「一元的構成」）。しかし、契約の動機と契約内容とを区別することが不当であるとは思えない。むしろ、「物の性質の錯誤は動機の錯誤に過ぎない」としたことに問題があったのではなかろうか。例えば、ドイツ民法119条2項は「（取引上重要な）物の性質の錯誤は契約内容の錯誤となる」旨明言している。
②**表示主義的錯誤論**　上記の批判とは別に、表示主義の観点から「外部に

表示されていない内心の事情によって契約が無効とされては相手方が気の毒である」という立場を徹底させる見解もある。この見解からは、「表示者が錯誤に陥っていたこと」または（少なくとも）「表示者の真の意図」が相手方に認識可能でなければ95条は適用されない（95条には書いてないが「認識可能性」の要件を解釈によって読み込むのである）。これに対して、通説は、動機の錯誤の場合には「動機が表示されていなければならない（＝相手方に認識可能である）」とするが、それ以外の場合（契約内容の錯誤）のときには（表示者の真の意図の）認識可能性を特に要求していない。

　もっとも、その場の状況から、相手方の動機が認識可能であることは多いであろう（指輪の売買の事例でも、「買主が純金製であると誤解している」ことは売主にもわかっていたことが多いのではなかろうか）。また、表示主義的見解も、相手方が錯誤を惹起したときには（認識可能性がなくとも）錯誤の主張を許してよいとする（売主の言動により「これは純金製だ」と買主が誤解したような場合）。したがって、結論での差は意外に小さい。本当に対立している点は、認識可能性がなく、かつ、相手方が錯誤を惹起したわけでもない場合に、錯誤の主張を認める余地が「全くない」（表示主義的立場）のか「それでも錯誤者を保護するべき場合もあり得る」（通説）のかである。

［錯誤取消しの制限——重過失］

　95条3項によれば、錯誤に陥ったことについて表意者に重過失がある場合には、錯誤取消しの主張は許されない。そのような者を保護する必要はないからである。取引上重要な点については当然よく確認するべきであるから、この確認を怠ったときには重過失があると判断されることが多いであろう。したがって、95条3項により、錯誤取消しの主張の可能性は大分制限される。しかし、以下の場合は例外（錯誤の主張が許される）とされる。

　　①相手方が表意者に錯誤があることを知り、または、重大な過失によって知らなかったとき

　　②相手方が表意者と同一の錯誤に陥っていたとき（双方的共通錯誤、これについては後述（135頁）する）

［錯誤と他の制度との関係］

①債務不履行責任との関係　キズ物を売った売主は債務不履行責任を負い、

買主は契約を解除したり損害賠償を請求したりすることができる。他方、キズがあるとわかっていたなら買主は買わなかったであろうから、この場合には、買主は錯誤取消しを主張して代金の返還を求めることもできるように思われる。これは、平成29年の改正前には、旧570条による瑕疵担保責任と95条による錯誤主張とのどちらが優先するかという形で争われた。

当時の学説の多くは、瑕疵担保責任に関する旧570条が（95条に）優先して適用されると解釈していた。特に問題となるのは時効である。通常の時効期間は10年であるところ（旧167条1項）、瑕疵担保責任は重い責任なので1年内に責任追及すべきこととされていた（旧564条および旧566条3項）。このときに、1年を経過した後に錯誤無効（これは期間制限がない）を主張されては、瑕疵担保責任の期間制限の意味がなくなってしまうのである。これに対して、錯誤無効を主張してもよいとする判決がある（最判昭和33年6月14日民集12巻9号1492頁）。信義則（後述209頁）により錯誤無効の主張期間を制限するなら当事者にどちらの主張をさせてもよいとして、判例を支持する見解もあった。

②**和解契約（695条）との関係**　和解契約とはお互いに譲り合って争いを止める契約であり（前述20頁）、このときには、後から争いを蒸し返すことは許されない（696条）。例えば、AがBに「100万円返せ」と主張したがBが「借りたのは50万円だけである」と反論して争っていた場合に「Bが75万円返す」という和解契約が成立したときには、後になって「実は100万円であった」旨の証拠が出てきても、もはや、Aは（残りの）25万円を請求することは認められない。したがって、この場合に、「実は100万円なのに勘違いをして75万円で手を打ってしまった」と錯誤を主張することも許されない（当然であろう）。

しかし、AとBとで、A所有のジャムが品質の優れた品であることを前提として「AのジャムをBに譲渡する」旨の和解契約をしたところジャムは粗悪品であったという事例において、Bが錯誤無効を主張するのを許した判決がある（上記最判昭和33年6月14日）。両者の主張が対立していた点について争いを蒸し返すことは許されないが、この事件では、「ジャムの品質が優れた品であること」については対立はなく、和解の「前提」とされていたに過ぎないからである。

③**詐欺取消し（96条）との関係**　これについては、後述（133頁）する。

[「成立／不成立」と「有効／無効」再論]

　契約の「成立／不成立」と「有効／無効」とは区別しなければならないと述べたが（105頁）、実は、この区別はあいまいなことも多い。例えば、「純金製の指輪だと思うから買った」ことが売主にもわかっていた場合にも、2通りあり得る。ただ「この指輪を下さい」と言って買った場合には「『この指輪』の売買契約」が成立するので、金メッキであった場合には、「純金製である」との買主の誤解が売主にも分かっていたときには動機の錯誤により契約を取り消すことができる。しかし、「この指輪」と指定した際に契約書を作成し「純金製であることを保証します」と書いたなら「『純金製の』この指輪の売買契約」が成立する余地もあり、この場合には金メッキであったなら、買主は契約を解除して代金を返還してもらえる。

　同様の問題は、買うつもりがないのに「買う」と表示し、しかも、買うつもりがないことが相手方にもわかっていた場合にもある。例えば、俳優が舞台の上での演技として「買う」と表示したときには、そもそも客観的な表示行為とならないので意思表示は不成立となるが（前述114頁）、店先で「買う」と表示したが買うつもりがないことが売主にもわかっていた場合には、意思表示は（成立したうえで）93条1項ただし書により無効とされる。舞台の上での演技には一般的に法的意味はないのに対し、店先での行為には一般的には法的意味があるから、このような差が生じるのであろう。しかし、「一般的に法的意味があるかないか」は漠然とした「程度の差」に過ぎない。

　なお、意思表示が無効となる場合に、その意思表示に基づく法律行為の効力がどうなるのかも必ずしも明確ではない。一般的には、意思表示が無効であるなら、その意思表示に基づく法律行為も無効であると解されている。しかし、例えば、契約（という法律行為）は申込みと承諾（という意思表示）が合致して成立するところ、承諾が無効であるときには、契約は成立しないと理解する見解もある。

⑷　詐欺および強迫

　96条によれば、詐欺または強迫によって意思表示をした場合には、意思表示を取り消すことができる（同条1項）。例えば、売主が買主に「この土地には鉄道が敷設される予定ですのできっと値上がりしますよ」とウソ

を言って騙したり、または、「この契約書に署名しないとお前（買主）の前科を暴いてやるぞ」と脅して契約をさせた場合である。

［瑕疵ある意思表示］

　心裡留保、通謀虚偽表示や錯誤の場合には、当事者には「買う」意思はない（錯誤の場合は微妙であるが、例えば「甲を買う」つもりで「乙を買う」契約書に署名した場合には「乙を買う」意思はない）。そこで、これらを「意思の不存在」という（101条参照。なお、かつては「意思の欠缺」と呼んだ）。これに対して、詐欺または強迫によって意思表示をした場合には「買う」意思はある。「鉄道が敷設される予定ですよ」と騙されたにせよ「買おう」と決心したわけだし、また、「前科を暴くぞ」と脅されたとはいえ、自分で「前科が暴かれるくらいなら買おう」と決めたのである。ただ、不当な圧力のために意思決定の自由がない状態で意思表示をしたのであるから、意思表示には瑕疵（キズ）があるという意味で「瑕疵ある意思表示」と呼ぶ。

［詐欺の意義］

　詐欺とは騙すことであるから、「騙そう」という意図（「欺罔の意図」という）がなければ詐欺にはならない。例えば、売主が買主に「この土地には鉄道が敷設される予定ですよ」と言って土地を売ったが実際には鉄道が敷設される予定などなかったというケースでも、鉄道が敷設される予定であると売主も誤信していた場合には詐欺にはならない（後述の**問題5**参照）。

　また、相手方が勘違いをしているのに気付いていながら黙っていただけでは、原則として詐欺にはならない。取引の当事者は利害関係が対立しているので（売主は高く売りたいし買主は安く買いたい）、相手方の利益にまで配慮することを期待できないからである。ただし、これは、フェアな取引を前提としている。釣銭詐欺などは、もはやフェアな取引とはいえないであろう。また、消費者と業者との契約の場合には、消費者と業者との間には情報量に圧倒的な差があるので、この格差を解消するために業者に「情報提供義務」が課されている（消費者契約法3条1項）。

　契約の相手方ではなく第三者が詐欺をはたらいた場合、例えば、AがBに「Cの土地には鉄道が敷設される予定なのできっと値上がりしますよ」とウソを言い、これを信じてBがCから土地を買った場合には、AがBを騙したことをCも知り、または知ることができた場合に限り、取消し

が認められる（96条2項）。

[強迫の意義]

　上記の設例のように「この契約書に署名しないとお前の前科を暴いてやるぞ」と言う程度で強迫になるのであり、相手方の意思決定の自由を完全に奪う必要はない（最判昭和33年7月1日民集12巻11号1601頁）。むしろ、意思決定の自由が全くなかった場合、例えば、ピストルを突きつけられて契約書に署名した場合には、取消しをしなくとも、当然に無効となると解するべきであろう。その者の意思に基づく行為とは評価できないからである。

[詐欺取消しの第三者に対する効力]

　詐欺を理由として契約を取り消しても、善意かつ無過失の第三者に対抗することはできないとされた（96条3項）。例えば、AがBに「君（B）の土地の隣にゴミ処理施設が建設される予定なので土地は値下がりするから今のうちに売った方がいいよ」とウソをついてBの土地を買い、これをCに転売した後にBが真相に気付いて契約を取り消しても、Cが善意かつ無過失である場合には、Bは、契約を取り消したことをCには対抗できない。つまり、Cは有効に土地を取得できるのであり、Bは、A相手に「金で返せ」と主張するしかない。

　このとき、Cが96条3項の「第三者」として保護されるためには登記が必要であるか否かが問題となった。つまり、AがCに転売して登記も移転した後にBが契約を取り消したのであれば96条3項によりCは保護されるが、AがCに転売したが未だ登記をCに移転しない間にBが取り消した場合でも96条3項が適用されるのであろうか？　545条1項ただし書および94条2項でも同様の問題があった。多少繰り返しになるが、ここで、まとめて再述しよう。

①**545条1項ただし書**　例えばBがAに土地を売却して登記も移転し、さらに、AがCに転売したとしよう。Aが代金を払わないのでBが契約を解除しても、Cは545条1項ただし書により保護されるので土地をBに返す必要はない。しかし、545条1項ただし書が適用されるためには、Cに登記が必要であると解釈されている（前述85頁）。したがって、AがCに転売したが未だ登記を移転する前にBが契約を解除したときには、Cは、土地をBに返還しなければならない。前述（85頁）したように、対抗要件とし

ての登記の問題ではなく、権利保護要件としての登記が要求されるのである。これが
キッカケとなり、「第三者」を保護する規定があるときには、その「第三
者」として保護されるためには登記が必要であるか否かが問題とされるよ
うになったのである。

②**96条３項**　さて、ＡがＢを騙してＢの土地を買ってＣに転売したとき
には、Ｂが契約を取り消しても、Ｃは善意であれば96条３項によって保護
される。では、この場合には登記は必要であろうか。学説の多くは（異論
もあるが）必要であると解している。その根拠の１つは、545条１項ただ
し書の場合とのバランスである。取り消した者（上記の例のＢ）は詐欺の
被害者なので、この者を保護すべき必要性は545条１項ただし書の場合よ
りも大きい。545条１項ただし書の場合にはＣに登記が必要である（＝Ｃ
に登記がないときにはＢの方を保護する）と解釈しておきながら、96条３項
で登記を要求しない（＝Ｃに登記がなくともＣを保護する）のではＢの保
護が薄くなってしまい、アンバランスになるのである。

　なお、判例では、Ｃが仮登記（前述81頁）をしていた場合に96条３項を
適用した判決がある（最判昭和49年９月26日民集28巻６号1213頁）。仮登記に
は本当の登記としての効力はないので、登記を不要と解する見解からは
「最高裁も本当の登記がないケースに96条３項を適用している」というこ
とになる。しかし、このケースでは、農地の売買が問題となっていた。農
地の売買においては知事の許可が必要なので（農地法５条）、この許可が得
られるまでは仮登記しかできない（不動産登記法105条２号）。つまり本登
記をしようと思ってもできない特殊なケースだったのであり、これを一般
化することは妥当ではあるまい。

③**94条２項**　ＢとＡとが通謀のうえで「Ｂの土地をＡに売った」旨の虚
偽の契約書を作成し、これを見たＣが「Ａの土地である」と誤解してＡ
から買った場合には、94条２項により、ＢはＣに対して「ＢとＡとの売
買は無効である」旨主張できず、Ｃは有効に土地を取得できる。この場合
には登記は不要である。つまり、ＡがＣに土地を転売したが未だ登記を
移転していない段階でも、Ｃは保護される（前述121頁）。545条１項ただし
書や96条３項の場合と比較すると、Ｂはむしろ「加害者的」立場にある
（虚偽の契約書を作成してＣに誤解を与えた）ことを考えると妥当であろう。

　このように、法律の議論においては、他の条文での解釈論とのバランス
も重要であることに注意してほしい。なお、平成29年の改正により93条や

95条にも第三者保護規定が新設されたので（93条2項および95条4項）、同様の問題が予想される（各自で考えてほしい）。

［取消し後の第三者①──判例］

これと似て非なる問題に、取消し後に登場した第三者との関係がある。例えば、AがBを騙してBの土地を買った後にBが契約を取り消したが、土地の返還を受ける前にAがCに土地を売ってしまったような場合である。判例は、この場合のBとCとは一種の「二重売買」（前述83頁）になると解し、先に登記をした方が所有権を確定的に取得するとする（大判昭和17年9月30日民集21巻911頁）。

つまり、まずBが契約を取り消すことにより、土地の所有権はAからBに戻る。取消しにより法律行為は遡及的に（＝初めから）無効となるので（121条）、厳密に言えば「取消しにより所有権がAからBへ戻る」のではなく「取消しにより所有権はAへは移転していなかったことになる」はずである。しかし、取消しをするまでは（契約は有効なので）所有権はAにあるし、他方、取消しの後は所有権はBにあるので、取消しを境にして所有権がAからBへと移転したような感じになる。そこで、比喩的な意味で「戻る」（「復帰的物権変動」という）と表現するのである。その後に、同じ土地をAがCに売ったのであるから二重売買に似たような状況になり、BとCとの関係は177条の対抗問題として扱えるのである。

［取消し後の第三者②──反対説］

学説には、判例の結論に賛成する者も多いが、批判もある。二重売買とは「1つの物を2人の買主が取り合う」競争であるところ、96条3項が扱うのは「取消権者と第三者とのどちらを保護すべきか」という問題である。これは、177条が前提としている自由競争とは異なっているので「二重売買」として扱うことは妥当ではないという。そこで、2通りの解決が提唱されている。

①96条3項　取消し後の第三者との関係でも96条3項を適用する見解がある。しかし、96条3項を素直に読めば、取消しの時までに登場した第三者を念頭に置いているといわざるを得ない。

②94条2項の類推適用　Bの土地をA名義に登記していて、そのためにCが「Aの所有物である」と誤解してAから買ったときには、94条2項が類推適用されてCは有効に所有権を取得できることは前述（89頁）した。

そこで、Bが契約を取り消したにもかかわらず登記がA名義のままになっている場合にも94条2項を類推適用し、Cは善意であれば所有権を取得できるとする見解もある。もっとも、細かいことをいえば、Bの取消しの後すぐにAがCに転売した場合には、Bは登記を戻す時間がなかったので、94条2項を類推適用してはBに気の毒である。取り消したにもかかわらずA名義のままに「放置」してあったと評価できるような状況で、94条2項が類推適用されるのである。

　いずれ（①と②）の立場にせよCは善意でなければ保護されず、この点で、判例との差が出る。判例のように「二重売買」であると考えるなら、自由競争に委ねてよいので多少の「抜け駆け」は許されることになる（＝善意である必要はない）。

［錯誤（95条）との関係］

　騙されて取引をした者は、95条による錯誤取消しの主張もできることが多いであろう。もっとも、95条を主張するなら重要な錯誤でなければならないが、96条の場合には重要な詐欺である必要はない。この点で、96条の方が適用範囲は広い。ただし、96条は、本人が勝手に勘違いした場合ではなく相手方が詐欺をはたらいた場合を扱っているので、その分だけ本人を保護するべきであろう。したがって、96条の方が適用範囲が広いとしても、特に不都合はない。

［問題5］
　AはBに「自分（A）の所有する土地には鉄道が敷設される予定なので絶対値上がりしますよ」と言い、Bも、これを信じてAの土地を買った。しかし、実際には鉄道が敷設される予定などなかった場合に、Bは、どのような主張をすることができるか。
［解説］
　鉄道が敷設される予定などないことをAは知っていた場合と、鉄道が敷設されるとAも誤信していた場合とに、分けて検討する必要があろう。
　1．鉄道が敷設される予定などないことをAは知っていた場合なら、AはBを騙して土地を売りつけたことになる。したがって、Bは、96

条1項により売買契約を取り消して代金の返還を請求できる（もちろん土地はAに返さなければならない）。もっとも、Bは、錯誤を主張することもできる（詳しくは2.で検討する）。

2. Aも鉄道が敷設されると誤信していたなら、Aには欺罔の意図はないので、詐欺にはならない。Bには、錯誤を主張する可能性が残るのみである。土地自体を取り違えていたのではないから、これは物の同一性の錯誤ではない。「鉄道が敷設される予定の」土地と思っていたのに鉄道敷設の予定がなかったのであるから、物の性質の錯誤である。さて、伝統的な通説によれば、これは動機の錯誤として扱われ（「鉄道が敷設される予定がある」と思ったから買ったのである、95条1項2号の問題となる）。その事情が法律行為の基礎とされていることが表示されて相手方に認識され、かつ、取引上重要なものであるなら、動機の錯誤により契約を取り消すことができる（前述123頁）。本問の場合、「鉄道が敷設される予定があるから」Bが買ったことはAにもわかっていた（そもそもAが「鉄道が敷設される予定がありますよ」と述べたのである）。そして、鉄道が敷設される予定の有無は取引上重要であろう。したがって、Bは、契約を（錯誤により）取り消す旨を主張して代金の返還を請求できる。

なお、Bに重過失があるなら錯誤の主張はできない（95条3項）。ちゃんと調査すれば鉄道が敷設される予定などないことはわかったかもしれないので、それなら、Bに重過失があったと判断される可能性もあろう。しかし、本問の場合、そもそもAが「鉄道が敷設される予定がありますよ」と言ったのである。そのAが「Bはキチンと調査すべきであった」などと主張することは、信義則（後述209頁）に反して許されまい。

ところで、表示主義的立場からBが錯誤に陥っていることがAに認識可能であったことが要求されることがある（前述125頁）。ところが、「鉄道が敷設される予定があるから」Bが買ったことはAにもわかっていたが、鉄道が敷設される予定であるとA自身も誤信していた場合には「Bが『錯誤に陥っていたこと（実はBの勘違いであること）』」まではAにも認識できない。そこで、表示主義論者の一部は、Bの真の意図がAに認識可能であればよいという。もっとも、いず

れにせよ、表示主義的立場もAの（Bの意思表示に対する）信頼が正当な場合にのみAを保護する。本問のように、AがBの錯誤を惹起した場合にはAの信頼は正当ではないので、表示主義的立場からもAは保護に値せず、Bの錯誤の主張は認められるであろう。

3．このように、鉄道が敷設される予定などないことをAが知っていたなら契約は96条により取り消されるし、（Aが）知らなくとも95条により取り消すことができるので、鉄道が敷設される予定などないことをAが知っていたか否かは重要ではない。そもそもAが誤った情報を与えたのだから、Aに欺罔の意図があろうがなかろうが、その情報が誤っていたことによるリスクはAが負うべきではなかろうか（後述（135頁）する消費者契約法4条1項1号参照）。英米法では、このような観点から、誤った表示をした者に（意図的であってもなくても）責任を負わせる「不実表示理論」がある。もっとも、日本でも、ここで説明したように、ほとんど同じ結論を解釈によって導くことができる。

4．錯誤に関する伝統的な議論は、当事者の一方のみが勘違いをしていたケースを念頭に置いていた。これを「一方的錯誤」というが、当事者双方が勘違いをしていたケースも考えられ（「双方的錯誤」）、これは、さらに、双方が同じ勘違いをしていた場合（「双方的共通錯誤」）と違う勘違いをしていた場合（「双方的非共通錯誤」）とに分けられる。そして、双方的共通錯誤の場合には、両者とも同じ勘違いをしていたのだから錯誤の主張を広く認めてよい。例えば、95条3項によれば重過失があるなら錯誤無効の主張は許されないが、双方とも勘違いをしていたなら相手方の重過失を非難できた義理ではなかろう。本問においても、鉄道が敷設される予定であるとAも誤信していたなら双方的共通錯誤となる（95条3項2号）。

［消費者契約法による取消しと無効］

　前述（11頁）したように、消費者と事業者では情報量や交渉能力に格差があるので、消費者契約法は、消費者と事業者との間の契約（「消費者契約」という）について消費者保護のためにやや特殊な取消しや無効を規定した。簡単に解説しよう。

①**消費者契約の取消し**　契約勧誘の際に事業者が重要な事項について虚偽

の事実を告げたときには、消費者は契約を取り消すことができる（消費者契約法4条1項1号）。虚偽であることを事業者が知っていたなら民法96条1項による取消しも可能であるが、事業者自身も虚偽であることを知らなかった場合に意味がある。また、重要な事実を故意に告げなかった場合も取り消し得ることがある（消費者契約法4条2項）。

　また、価格等が変動するものについて事業者が断定的な判断を提供した場合にも、取消しが許される（消費者契約法4条1項2号）。株式の売買において、業者が「この株は絶対値上がりしますよ」と言って勧誘したような場合である。株式取引は元来リスクを伴うものなので、一般論としては「絶対値上がりする」と言われたからといって信用する方が悪い。しかし、事業者と消費者との取引においては、専門家である事業者が断定的なことをいうと消費者はツイ信じてしまう。そこで、取消しが認められたのである（証券取引等の投機的取引においては、このような規制がされることが多い）。

　さらに、事業者が消費者の住居で勧誘をしている際に、消費者が住居から退去するように要求しているのに事業者が退去しないで消費者を困惑させたときにも、消費者は契約を取り消すことができる（消費者契約法4条3項1号）。要するに、事業者が居すわったために消費者が根負けして契約をした場合である。強迫による契約なら民法96条1項で取り消すことができるが、「困惑」程度では強迫とは判断されないことが多いであろう。ここに、この条文の意味がある。営業所で勧誘している際に、消費者が「帰りたい」と言っているのに帰さない場合も同様である（消費者契約法4条3項2号）。

②**消費者契約の無効**　契約違反や不法行為による損害賠償責任を免除する合意（「免責条項」という）は、一般的には有効である。しかし、消費者契約の場合には、事業者の責任を全面的に免除する免責条項は無効であるし（消費者契約法8条1項1号および3号）、事業者に故意または重大な過失がある場合には、責任を一部免除することも許されない（同条1項2号および4号）。

　また、契約違反の場合にそなえて損害賠償の額をあらかじめ定めておくことは可能であり、この場合には、実際の損害額を証明しなくとも損害賠償請求できる（民法420条）。しかし、消費者契約の場合には、実際に生じるであろう平均的な損害額を超える賠償額の予定や違約金の合意（不当に高いキャンセル料など）は無効であり（消費者契約法9条1号）、また、消費

者が代金等を不払にした場合に年14.6パーセントを超える賠償額の予定や違約金を定める条項も無効である（同条2号）。

　さらに、前述（106頁）したように、一般論としては任意法規に反する契約は無効ではないが、消費者契約の場合には、任意法規に反し、かつ、信義則（後述209頁）に反する程に消費者の利益を害する契約は無効とされる（消費者契約法10条）。「信義則に反する程」の解釈にもよるが、任意法規に、消費者保護のための最低限の基準としての意味を持たせようとしているのである。

(5)　意思表示の効力の発生時

［到達主義］

　民法97条1項によれば、意思表示は、表示が相手方に到達した時に効力を生じる。前述（99頁）したように、これを「到達主義」という。

　到達とは、表示が相手方の支配圏内に入ることで足り、相手方が現実に表示を知る必要はない（最判昭和36年4月20日民集15巻4号774頁）。具体的には、例えば、手紙が相手方の郵便受けに入れば到達したことになり、それを読まなかったとしても、それは相手方の責任である。

　なお、相手方が正当な理由なく意思表示の通知が到達することを妨げたときは、その意思表示の通知が到達したものとみなされる（97条2項）。例えば、不在配達通知書により内容証明郵便が送付されたことを知っているにもかかわらず取りに行かなかった場合（最判平成10年6月11日民集52巻4号1034頁）などが想定され、平成29年改正法で新設された。

［表示者が死亡したり行為能力を制限されたりした場合］

　意思表示を発信した後それが到達する前に、意思表示をした者が死亡したり、意思能力を喪失したり、後見開始の審判等を受けて行為能力を制限されたりしても、意思表示の効力に影響しない（97条3項）。具体的には、表意者が死亡しても意思表示は有効なものとして相続人に引き継がれるし（896条）、表意者が意思能力を喪失しても意思表示は有効であるし、また、表意者が後見開始の審判等により行為能力を制限されても、法律行為を取り消すことはできない。つまり、97条1項の到達主義とは、あくまでも意思表示が効力を生じる「時点」を定めるのみであり、その他の要件につい

ては発信の時が基準とされるのである。ただし、例外があり、契約の申込みについては、申込みの際に「死亡等の場合には申込みは効力を有しない」旨を表示した場合、および、申込者の死亡や意思能力喪失または行為能力制限を相手方（申込みを受けた者）が知っていた場合には、申込みは効力を有しない（526条）。

［公示による意思表示］

　意思表示をしたいが、相手方がわからないとき（取引の相手方が死亡したが相続人がいるのか否か不明な場合等）、または、相手方の住所がわからないときには、「公示」によって意思表示をすることができる（98条1項）。
　具体的には、民事訴訟法の規定（民事訴訟法110条以下）に従って、裁判所の掲示板に掲示し、かつ、掲示したことを官報等に掲載する（民法98条2項）。このときには、官報等に掲載してから2週間を経過した時に、表示は相手方に到達したものと見なされる（同条3項）。もちろん単なる「気休め」であり、これでは相手方が現実に表示を知ることは期待できないが、せめて（抽象的に）知る可能性があったことで満足するしかないのである。
　なお、繰り返しになるが、この方法は、相手方がわからないか相手方の住所がわからない場合にしか使えないことを指摘しておく。相手方および住所がわかっているのに公示による意思表示をしても、無効である（同条3項ただし書）。

［意思表示の受領能力］

　意思表示が相手方に到達した時に、相手方が意思能力を有しないか未成年者か成年被後見人である場合には、表示は相手方に対する効力を有しない（98条の2）。意思無能力者や未成年者や成年被後見人には表示の法的意味が十分には判断できないかもしれないので、このような場合には法定代理人に対して表示をするべきなのである。したがって、法定代理人が意思表示を知れば例外（＝表示は有効）であるとされ（同条1号）、また、本人が完全な能力を有するようになった後に（意思表示を）知ったときも同様である（同条2号）。
　いわゆる「行為能力」とは意思表示を「する」場合に問題となるが（前述24頁以下）、ここでは意思表示を「受ける」ことができるか否かが問題となっているので、意思表示の「受領能力」と呼ぶ。もっとも、いわゆる

「能力」の問題ではなく、意思無能力者や未成年者や成年被後見人に表示したくらいで表示が「到達」したと評価できるのかという問題であるとの指摘もある。

3………法律行為の種類および準法律行為

　次には、法律行為の種類、さらに、法律行為と似ているが全く同じではない「準法律行為」について説明しよう。これは、今まで説明してきた90条以下の条文の適用範囲を考えることにもなる。

［身分行為］

　ここまでは、契約のように、財産取引上の権利や義務を発生させる行為（「財産行為」という）を念頭に置いて説明してきたが、このほかに、家族関係に関する権利や義務を発生させる法律行為もあり、これを「身分行為」という。例えば、Ａが「私が死んだら土地を友人Ｂに遺贈する」旨の「遺言」（960条以下）をしたときには、Ａが死亡すれば、Ｂは土地を請求する権利を取得する。したがって、遺言も「当事者が意図的に権利や義務を発生させる行為」なので法律行為の一種であるが、しかし、今まで説明してきたような財産行為とは性質が異なるとされる。具体的には、身分行為においては、財産行為以上に、本人の意思を尊重するべきなのである。

　例えば、財産行為をする能力は18歳にならなければ認められないが（4条）、遺言は15歳になればすることができる（961条）。そして、前述（32頁）したことであるが、（財産法上の）行為能力が制限されている場合でも、その規定は遺言には適用されない（962条）。本人の意思を尊重するべきであるから、いかに後見開始の審判を受けているとしても、本人がした遺言を後見人が取り消すのは不穏当なのである。

　さらに、93条以下の規定のうち表示主義に基づくものは適用されないと解釈されている。例えば、そのつもりもないのに「土地をＢに遺贈する」旨の遺言をした場合でも93条1項本文は適用されず、真意ではなかったことが証明されれば遺贈は無効となる。財産取引ではないのだから、仮にＢが遺贈を楽しみにしていたとしてもＢの期待を保護する必要はない。そもそも遺言はいつでも撤回できるのだから（1022条）Ｂの信頼は保護に値しない。

　また、「婚姻」（731条以下）も、夫婦間に権利や義務を発生させる（750

条以下）ので法律行為の一種ではある。しかし、どのような場合に婚姻が無効とされたり取り消されたりするのかは742条以下に規定されており、しかも、婚姻を取り消すときは、訴訟を提起して判決によって取り消さなければならない（744条以下）。したがって、93条以下の適用の余地はない。これは「縁組」（792条以下。なお民法で「縁組」といえば「養子縁組」のことである）でも同様であり、縁組の無効・取消しについては802条以下に規定があるので93条以下は適用されない。

　もっとも、従来は身分行為と財産行為との差ばかりが強調される傾向にあったが、しかし、例えば（古い話だが）徴兵逃れのための縁組や妾を養子とする縁組などには90条を適用して無効としてもよい。以前は、このような場合について、縁組をしようという（真摯な）意思（「縁組意思」）がないから無効であると判決されたりしたが（大判明治39年11月27日刑録12巻1288頁等）、どのような場合に縁組意思があるのかをめぐって複雑な問題が生じた（大判大正11年9月2日民集1巻9号448頁、最判昭和46年10月22日民集25巻7号985頁）。そもそも「縁組意思の有無」で解決するのが無理だったのである。むしろ、養子縁組届を出しているなら縁組意思はあったと割り切って、ただし、それが徴兵逃れの目的であるような場合には公序良俗に反するので、90条により無効となると解決した方がよかったであろう。

［合同行為］

　複数の者で定款を定めて法人を設立する行為なども、「意図的に権利や義務を発生させる行為」なので法律行為の一種である。契約も複数の者がする法律行為であるが、契約の場合には意思表示が「向かい合っている」（売主は買主に対して「売る」と表示し、買主は売主に対して「買う」と表示している）のに対して、法人の設立などにおいては、意思表示は「同一の方向を向いている」点で異なるとされる。そこで、これを「合同行為」と呼んで契約とは区別する。この他に、決議なども合同行為である。「向かい合っている」とか「同一の方向を向いている」とはわかりにくい。むしろ、契約の場合には各当事者の役割が噛み合っているが（売主と買主など）、合同行為の場合には同一である点が特徴なのではなかろうか。

　この場合には法的安定性が重要なので、なるべく法律行為を無効としたり取り消したりしない方が望ましいとされる。確かに、法人を設立した者のうち1人について錯誤があったために法人の設立自体が取り消されては法的安定性を害するであろう。しかし、このような場合には「錯誤があっ

た者の行為」だけが取り消され「法人の設立」全体が取り消されるわけではないと解釈すれば、法的安定性を害することもないという反論もある（667条の3参照）。

［単独行為］

　例えば、成年被後見人が物を買った後に契約を取り消すと（9条）契約は無効となり（121条）、代金を返還する義務が売主に発生し、買った物を返還する義務が買主（成年被後見人）に発生する。つまり、「契約を取り消す」こと自体が「意図的に権利や義務を発生させる行為」なので、これも法律行為の一種である。契約や合同行為には複数の者が関与しているが、この場合には成年被後見人1人の行為なので「単独行為」という。

　1人で（＝一方的に）権利や義務を発生させることができる場合には、そのような（＝権利や義務を発生させることができる）権利が存在することが前提となっていることが多い。前述の例なら、買主（成年被後見人）には9条によって「取消権」が与えられており、この権利の行使として「取り消す」旨の意思表示をしている。このような「1人で（＝一方的に）権利や義務を発生させる」権利を、法律関係を形成する権利という意味で「形成権」と呼ぶ。解除権なども形成権である。単独行為の多くは、形成権の行使である。

［準法律行為］

　法律行為と全く同じではないが似ているものもあり、「準法律行為」と呼ぶ。

①**意思の通知**　前述（31頁）したように、行為能力が制限されている者と取引をした相手方は、法定代理人等を相手に「行為を追認するか否か」催告することができ、一定期間内に返事がなければ追認したものとみなされて取消しができなくなる（20条）。この催告も、「取消権を消滅させる」という意味で「意図的に権利や義務を発生させる行為」ではある。しかし、そこで表示されている意思内容（追認するか否か返事をくれ）と表示による効果（取消権の消滅）とは同一ではない（普通の法律行為の場合には表示の内容に対応した権利や義務が発生する）。そこで、法律行為とは区別されて、準法律行為と呼ばれている。

②**観念の通知**　前述（91頁）したように、債権を譲渡した場合には、（旧）

債権者（債権の譲渡人）が債務者に「債権を譲渡した」旨を通知すること
になっている（467条）。この場合には債権譲渡という「事実」を通知して
いるのだから、意思表示ではないし、また、意思の通知とも違う。かつて
は「事実の通知」と呼ばれたが、より厳密に言えば、事実に対する「観
念」（事実の認識）を通知しているので「観念の通知」といわれるようにな
った。

③感情の表現　戦前の民法には「宥恕」（要するに「許す」という表示）と
いう制度があり、これに一定の法的効果（例えば、離婚できなくなる）が与
えられていた（戦前の814条2項）。これは、意思を表現しているわけでは
なく、また、観念を通知しているわけでもないので、「感情の表現」と呼
ばれた。もっとも、現行民法には、このようなものはない。

　以上の3つは、人間の内心を外部に表現して法的効果が与えられる場合
ではあるが、表現内容に対応した効果が認められるわけではない点で法律
行為とは異なる。したがって、準法律行為と呼んで、法律行為とは区別さ
れる。

　しかし、内心の表現により権利や義務が生じる点で、法律行為と似た問
題（行為能力が必要か否か、錯誤や詐欺・強迫による場合でも有効か等）が生
じる。したがって、法律行為に関する規定を、なるべく適用してよいとさ
れている。

第 **5** 章 ┊ 代理

第１節●代理

　法律行為をすれば権利や義務が発生するところ、今までは、法律行為を
した者が権利を取得して義務を負う場合のみを扱ってきた。しかし、ある
者が法律行為をし、別の者が権利を取得したり義務を負ったりすることも
ある。他人の代わりに法律行為をする制度であり、「代理」という。例え
ば、Ａを代理して、ＢがＣから物を買えば、売買契約による法的効果はＡ
とＣとの間に生じる（99条）。つまりＡがＣに対して目的物の引渡請求権
を取得するし、ＣはＡに対して代金支払請求権を有する。このとき、Ａを
「本人」、Ｂを「代理人」、Ｃを「相手方」などという。

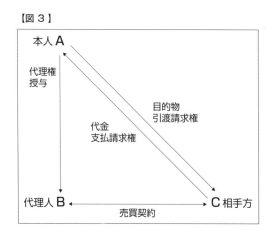

【図３】

[任意代理と法定代理]

代理制度は大きく2つに分かれ、制度の目的も異なる。

①任意代理　代理の目的の第1は、自分の活動の領域を広げることである。例えば、Aは大阪在住の不動産業者であるが、東京でも手広く商売をやりたいと思っているとしよう。しかし、大阪に住んでいるAが東京まで出張すると、費用も時間もかかる。そのようなときには、東京に住んでいる友人Bに代理人になってもらえば、Bの取引は法律的にはAの取引なのだから、Aは大阪にいながらにして東京でも商売をできる。

活動の領域を「空間的」に広げるだけではない。例えば、Aが「不動産業と鉄道業とをセットにして営業すればさぞ儲かるであろう」と思いついたとする。しかし、不動産一本槍で生きてきたAには、鉄道関係のノウハウもコネもない。そのようなときには、鉄道業界に詳しい友人Bに代理人になってもらって鉄道部門の営業を任せればよい。

これらの場合には、AとBとの合意によって代理関係を発生させているので、次の法定代理と対比して、「任意代理」と呼ぶ。

②法定代理　これに対して、自分では取引をすることができない者を保護するために代理制度を使うこともある。既に第1章第1節（24頁以下）で学んだように、未成年者等については行為能力が制限され、その代わりに、親権者や後見人などの保護者が付けられており、この者が、制限行為能力者に代わって財産取引をする。この場合には、合意によって代理関係が発生するのではなく、法律によって当然に（＝合意がなくとも）代理権が認められる。そこで、これを「法定代理」という。

1………代理の方式

99条によれば、代理人（前掲の**図3**のB）が、代理権の範囲内で、本人（図3のA）のためにすることを示して法律行為をした場合には、法律行為による効果（権利や義務の発生）は直接に本人（A）と相手方（C）との間に生じる。つまり、①代理権の存在、および、②本人のためにすることを示すこと、の2つが要件とされている。

[代理権]

99条は代理権が存在することを当然の前提としているが、どのような場

合に代理権が生じるかについては触れていない。これは、任意代理の場合と法定代理の場合とでは異なる。

(1) 任意代理の場合

任意代理の場合には、まず、AがBに「代理人になって下さい」と頼むわけであるが、これは、通常は委任契約（643条）である（前述19頁）。ただし、通説は、委任契約でなければならないことはないとする。雇用契約（623条）における「労働」の一環として代理をすることもあり、また、組合契約（667条）における事業執行のために、ある組合員に、他の組合員が代理権を与えることもあるからである。私見によれば、代理権を与えた場合には、その限度で、委任契約の要素が混ざっている（つまり契約自体は雇用や組合でも委任の規定も必要に応じて適用される）と考える方がよい（671条参照）。なお、「代理人になって下さい」と頼むことは「意思決定をすること」自体を頼むことである。本人が意思決定をして、それを相手方に伝えるだけなら「使者」と呼び（後述163頁）、これは代理人とは区別される。

しかし、AとBとの間で委任契約をしただけでは、Cには、BがAの代理人であるか否かはわからない。そこで、AがBに「私ことAは、Bを代理人と定め、○○の事項について委任します」という「委任状」を交付し、Bは、これをCに見せて取引をするのが普通である。このように、委任状を交付することには委任契約とは別の意義があるので「委任状を交付すること」自体が委任契約とは別個独立の法律行為であり、代理権は、委任契約ではなく、委任状の交付によって発生すると理解されている。これ（委任状交付）を「代理権授与行為」という。委任契約を締結しただけで未だ委任状を交付していない段階では、Bは対内的に（＝Aとの関係で）代理人になることを引き受けただけであって、まだ、代理人ではない。

代理権授与行為の法的性質につき、通説はAとBとの契約であるとするが、Aの単独行為（Aが「一方的に」代理権を与える行為）と解する見解もある。契約説をとるとBの行為能力が制限されていた場合には代理権授与行為を取り消すことができることになるが、単独行為説ならできない。もっとも、単独行為説でも、代理権授与行為の基礎となった委任契約を取り消すことはできるのだから、どちらの説でも大差ない。なお、代理人の能力の問題（後述148頁）も参照。

(2) 法定代理の場合

　法定代理の場合には、法律の条文によって代理権が発生するので（例えば、824条）、委任契約も代理権授与行為も必要ではない。

［顕名］

　99条によれば、代理人が「本人のために」取引をする旨を示さなければならない。これを「顕名」という。

　「本人のため」とは「本人に代わって」（＝取引による権利や義務は本人に帰属する）という意味であり、経済的に本人の利益になる必要はない。例えば、代理人が安い物を高く買えば（経済的には）本人に不利益になるが、これは、内部的に、代理人の（本人に対する）責任の問題となるだけである。委任契約による善管注意義務（644条）の違反である。

　本人のためであることを示すには、具体的にはどうするのか？　Ａを代理してＢがＣから物を買うときに、契約書にただ「Ｂ」と署名すれば自分（Ｂ）が買ったことになってしまう。普通は「Ａ代理人Ｂ」と肩書を付けて署名して、「Ａに代わって」取引をした旨をはっきりさせる。

　さて、ただ「Ｂ」と署名すればＢが買ったことになる（100条本文）。しかし、例えば、ＢはＡの従業員であり、相手方Ｃもそれを知っていたときには、Ｂが自分のために買うのではなくＡのために買うことがわかるはずであることもあろう。このときには、法律効果（権利や義務）はＡに帰属する（同条ただし書）。なお、商法では顕名は要求されない（商法504条本文）。ただし、Ｂが単に「Ｂ」と署名したために相手方Ｃが「買ったのはＢである」と誤解したときにはＢに対して代金を請求することもできる（民法100条ただし書）。つまり、原則と例外とが民法とは逆なのである。

　Ｂが契約書に「Ａ」と署名した場合はどうか？　署名そのものまで代理したので「署名代理」と呼ばれるが、権利や義務が帰属するのはＡである旨はハッキリしているのだから、これでも差し支えないと解釈されている。

［受動代理］

　ここまでは、ＢがＡを代理して意思表示を「する」場合を前提としているが、ＢがＡを代理して意思表示を「受ける」場合もあり「受動代理」

と呼ぶ（これに対して意思表示をする代理を「能動代理」という）。例えば、Cが、Aの代理人であるBに対して契約の申込みをするような場合を考えればよい。この場合にも、99条1項が準用され（同条2項）、代理権と顕名が必要となる。

　ただし、この場合の顕名はCがするべきであると解釈されている。つまり、Cの方で「あなた（B）に対して契約の申込みをするのではなくAに対して申込みする」旨をはっきりさせなければならない。

2………代理の効力

［代理の場合の意思表示の瑕疵の判断基準①──代理人基準］

　今まで学んできたように、意思の不存在（前述116頁以下。具体的には心裡留保や通謀虚偽表示）の場合には意思表示が無効とされることがある。しかし、代理の場合には、代理人が意思決定をし（前述145頁）本人は意思決定に関与しないのだから、「真意があったか否か」は、代理人の意思を基準として判断する（101条1項）。同様に、錯誤・詐欺・強迫についても、代理人に錯誤があったか否か・代理人が騙されたか否か・強迫されたか否かで判断すべきであろう。さらに、ある事情をわかっていたか、（わかっていなくとも）わかったはずであるかが問題とされる場合も同様である。

　他方、相手方が代理人に対して意思表示をした場合には、代理人は意思表示を受けるだけであり（受動代理）、代理人が意思決定をするわけではない。したがって、この場合（相手方が代理人に対して意思表示をする場合）には、ある事情をわかっていたか、（わかっていなくとも）わかったはずであるかが問題とされる場合のみについて代理人を基準とすることにされた（101条2項）。例えば、「買う」つもりもないのに「買う」と言った場合でも、「買う」つもりがないことが相手方（売主）にもわかっていたかわかったはずである場合には契約は無効となる（93条1項ただし書）。さて、Aを代理してBがCに物を売る旨の売買契約をした場合に、実はCには「買う」つもりがなかったときには、「買うつもりがない」ことが、Aではなく、Bにわかっていたかわかったはずであるかが問題となる。もっとも、Bにはわかっていなかったしわかるはずもなかったとしても、（法律上の売主である）Aには、Cに「買う」つもりがないことがわかっていた場合に、契約を有効とする必要があるだろうか。これが、次に説明する

101条3項の問題である。

［代理の場合の意思表示の瑕疵の判断基準②——特定の法律行為を委託した場合］

さて、101条3項によれば、特定の法律行為をすることを委託された代理人が本人の指示に従って行為をした場合には、本人がある事情をわかっていたかわかるはずであったときには、「代理人は知らなかった」と主張することは許されない。

「特定の法律行為の委託」とは、特定の不動産の売却の委託のような場合である。ただ、前述（145頁）したように「売るか売らないか」の意思決定は代理人に任されている場合を代理というのであるから（そうでないなら「使者」（後述163頁）である）、「本人の指図」とは「売れ・売るな」という指図ではなく、特定の法律行為をするか否かを委託すること自体が「指図」であると解釈されている。「本人が取引をコントロールする可能性がある場合」という理解もある。したがって、Aを代理してBがCに物を売った場合に、実はCには「買う」つもりがなく、また、Aもこれを知っていた（または知ることができた）ときには、仮にBは知らなかったとしても、93条1項ただし書により契約は無効となる。このような場合に、自分は知っていたAが「代理人Bは知らなかった」と主張して契約は有効であるというのはおかしいであろう。

［代理人の能力］

代理行為による権利や義務は本人に生じるので代理人には一切不利益はなく、したがって、代理人は行為能力者である必要はないとされた（102条本文）。つまり、代理人の行為能力が制限されていたとしても、それを理由として取引を取り消すことは許されない。ただし、他の制限行為能力者の法定代理人としてした行為は例外である（102条ただし書）。

もっとも、代理の基礎となっている委任契約を取り消すことはできる。取り消されれば委任契約は初めから無効であったことになるが（121条）、しかし、代理権授与行為まで遡って無効になるわけではないので、既になされた取引には影響しない。また、代理権授与行為のみを取り消すことができるかという問題も考えられるところ、契約説だと取り消すことができるが、単独行為説だとできないことになる（前述145頁）。もっとも、委任契約を取り消さないで代理権授与行為のみを取り消すことは、普通はない

であろう。

[代理権の範囲]

　代理権の範囲は、任意代理の場合には本人と代理人との委任契約によって定まり、法定代理の場合なら法律によって決まるはずである。だが、代理権の範囲があいまいである場合に備えて、103条が規定された。この条文については既に述べた（前述37頁）ので繰り返しになるが、改めて説明しよう。

　103条によれば、代理人の権限の範囲が定まっていない場合には、代理人は、①保存行為、および、②権利や物の性質を変えない限りで利用・改良行為をすることができる。「保存行為」とは、家の修理のように現状維持に最低限必要な行為である。「利用・改良行為」とは、例えば現金を銀行に預けて運用すること（利用行為）とか、家に電気設備を施すこと（改良行為）などを指す。しかし、103条2号によれば、利用・改良行為は、物または権利の性質を変える場合には許されない。例えば、現金を銀行に預けて運用することは許されるが、株式を買って運用することは認められないと解釈されている。株式を買うことは（利益も大きくなる代わりに）危険も大きいので、権利の性質を変えたことになるからである。

　これら（保存行為および性質を変えない利用・改良行為）をまとめて「管理行為」という。これに対する概念は「処分行為」であり、これは法律上の処分（典型的には売却してしまうこと）と事実上の処分（破棄すること）に分かれる。権限の範囲が定まっていない代理人は、処分行為をする権限はなく、管理行為のみをすることができるとされた（602条なども参照）。

[代理権の濫用]

　前述したように（117頁）、代理人が、代理権の範囲を超えて取引をした場合を代理権の「逸脱」といい、このような場合を「無権代理」と呼ぶ。例えば、アパートの管理人は、アパートの管理に必要な範囲（賃料の受領など）では代理権を有するが、アパートを売却する権限はあるまい。そして、管理人がアパートを売却しても、その代理行為は原則として無効とされ、ただ、例外的に表見代理が成立するときには有効となる（後述154頁以下）。これに対して、代理権の範囲内ではあるが、本人の利益を目的とするのではなく、自分や第三者の利益のために代理行為をした場合を代理権

の「濫用」という。例えば、前述のように、アパートの管理人には賃料を受領する権限はあるが、着服するつもりで賃料を受領したような場合である。かつての判例は、この場合は（権限内なので）原則として有効であり、ただ、代理人が権限の濫用しようとしていることが相手方にもわかっていたかわかったはずであるときに旧93条ただし書（現93条1項ただし書）を類推適用して無効とした（最判昭和42年4月20日民集21巻3号697頁）。しかし、平成29年の改正によって新設された107条は、代理人が代理権を濫用し、それが相手方にもわかっていたかわかったはずである場合には「代理権を有しない者がした行為とみなす」と規定した。「代理権を濫用する権限などない」という趣旨で、無権代理と同一視するのであろう。

3………復代理

［復代理人］

　何かの事情によって代理人が代理行為をすることができないときには、「復代理人」を選任することが認められる。この場合、復代理人は代理人を代理しているのではなく、（直接に）本人を代理するものとされ、また、本人や第三者（特に取引相手方）に対して、代理人と同一の権利を有し義務を負う（106条）。

　本人と代理人との関係は（基本的には）委任契約であるので、これらに関する条文（643条以下）が、本人と復代理人との関係にも適用される。また、第三者との関係については、後述（153頁以下）する表見代理に関する109条、110条や112条、さらに、無権代理に関する113条以下も重要である。

［復代理人の選任①──任意代理の場合］

　104条によれば、任意代理の場合には、①本人の許諾があったときか、②やむを得ない事情（急病等）があったときでなければ、復代理人を選任することはできない。任意代理の場合には、法定代理とは異なり、本人は代理人を信頼して代理権を与えたのだから、他の人に代行させることは原則として許されないのである。

［復代理人の選任②──法定代理の場合］

　法定代理の場合には、任意代理の場合とは異なり、本人と代理人の間に

特別な信頼関係はないので自由に復代理人を選任してよいが、その代わりに全責任を負うべきこととされた（105条本文）。ただし、やむを得ない事情によって復代理人を選任したときには選任・監督上の責任を負えばよい（同条2文）。選任について責任を負うとは、適任者を選ばなければならないということである。また、監督について責任を負うとは、事務をキチンと引き継ぎ、その後も適切に（復代理人を）監督すべきという趣旨である。

「選任・監督上の責任」は他人の行為について責任を負わせる場合の重要なキーワードである。例えば、前述（59頁）したように、事業主は、被用者が他人に損害を与えた場合には賠償責任を負うが（715条1項本文）、この場合も、選任・監督につき相当な注意をしたのであれば免責される（同条1項ただし書）。

4………自己契約・双方代理および利益相反行為の禁止

［自己契約］

　例えば、Aから（Aの所有する）不動産の売却を委任された代理人Bが、自分でその不動産を買ってよいかという問題がある。Bは、一方でAの代理人として不動産を売却し、他方で、本人として購入することになり、自分で自分と取引をしたような感じになるので「自己契約」と呼ぶ。

　しかし、取引の当事者は、利害関係が対立する（売主は高く売りたいし買主は安く買いたい）。このようなときに、ある者が、一方で本人として取引をし、他方で、別の者の代理人として意思決定をするのは、利害関係の対立する意思決定を1人の人間がすることになり、不適切であろう。前述の例でいえば、Bが、Aの利益を無視して不当に安い値段で買う危険がある。そこで、108条1項は、このような自己契約を禁止した。これに違反した場合には、代理権の範囲を超えたものとして、無権代理（後述158頁）の問題として処理される。一般法人法84条1項2号も似たような趣旨である。

［双方代理］

　同様の問題は、Aから不動産の売却を委託された代理人Bが、Cを代理してその不動産を買う場合にもある。Bは、一方でAの代理人として不動産を売却し、他方で、Cの代理人として購入しているので、「双方代

理」という。この場合にも、AとCとの利害関係は対立するところ、利害関係が対立する意思決定を1人の人間（B）がすることになる。上の例で言えば、Bが、Aの利益を無視して不当に安い値段で売るか、逆に、Cの利益を無視して不当に高い値段で買う可能性がある。したがって、双方代理も、108条1項により禁止された。

［許容される例外］

しかし、債務の履行をする場合、および、本人があらかじめ許諾した場合は例外（自己契約や双方代理も許される）とされる（108条1項ただし書）。例えば売買契約に基づいて登記の申請をする場合、登記申請そのものは（売主と買主との）双方代理でされても差し支えない。売買契約が成立している以上登記そのものについては両者の利害関係が対立するわけではないし、そもそも登記をすることは売主の義務だからである。もっとも、期限前の弁済等本人に不利益がある場合については疑問がある。

［利益相反行為］

自己契約と似た概念に「利益相反行為」がある。例えば、前述（61頁）したように、一般社団法人の理事は、法人と理事個人との利益が相反する取引をする場合には社員総会の承認が必要であるし（一般法人法84条1項3号）、また、親権者も、その者と（未成年の）子の利益が相反する場合には（法定）代理権を有せず特別代理人の選任を請求しなければならない（民法826条）。これらも、自己契約の禁止と同様の趣旨であることは理解できるであろう。

しかし、利益相反行為は、自己契約より広い概念である（前述62頁参照）。例えば、父親が銀行から融資を受けるに際して子どもが保証人となる契約を考えると、父親が貸付を弁済できないときには子どもの財産が差し押さえられる等の不利益を子どもが負う。逆に言えば、だから、父親は銀行から融資を受けることができる（保証人でも付けなければ銀行は融資してくれない）のだから、これは利益相反行為である。しかし、父親と子どもが（相対して）取引をしたわけではないから（保証契約自体は銀行（債権者）と子ども（保証人）との契約である）、自己契約には該当しない。

さて、平成29年に新設された108条2項は、利益相反行為をも禁止した。ただし、本人があらかじめ許諾した場合は例外である（同条2項ただし書）。

第2節●表見代理および無権代理

1………表見代理

[代理権がないのに代理をした場合──無権代理と表見代理]

【図4】

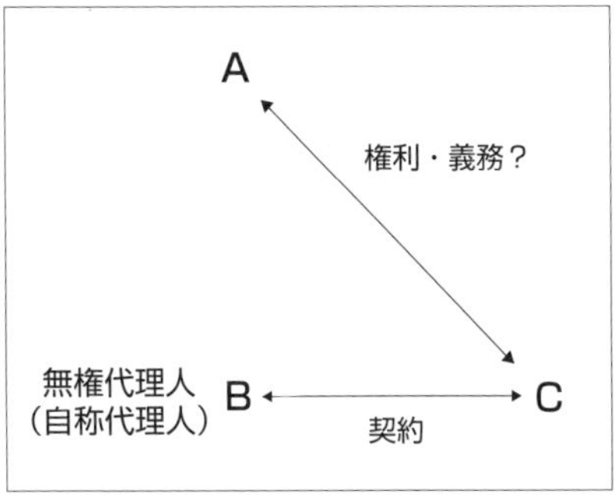

　99条から明らかなように、代理は、代理権が存在すること、および、代理権の範囲内で取引をしたこと、を前提とする。したがって、Bが、代理権もないのに「自分（B）はAの代理人である」と偽って代理をしても、Aに対しては何の法的効果もない。Aは「あれはBが勝手にしたことで私（A）には関係ない」といってよい。また、Bに代理権があったとしても、Bが代理権の範囲を超えた取引をした場合、例えば、Bは不動産の「管理」を任されていただけなのに不動産を「処分」してしまった場合も同様である。これを「無権代理」という。このときには、Cは、Bに対して責任を追及するしかない（後述158頁以下）。

　しかし、「Bに代理権があり代理権の範囲内で取引をしている」と相手方Cが信じてしまい、しかも、Cが信頼したことについてAにも責任がある場合には、Cの信頼を保護するために有効な代理であるかのように扱う制度があり、これを「表見代理」という。日本の民法では、109条、110条および112条が、これを定めている。

　なお、表見代理が成立するなら（有効な代理と同様に扱われるから）無権代理にはならないとも考えられる。表見代理が成立する場合をも含めて「広義の無権代理」と呼び、

表見代理が成立する場合を除いた「狭義の無権代理」と区別することもある。この問題については、なお後述（162頁）する。

(1) 表見代理①——代理権授与表示による表見代理

[代理権授与表示]

109条1項によれば、AがCに対して「Bに代理権を与えた」と表示したときには、実際には代理権を与えていなくとも、Aは責任を負う。つまり、Bの行為は有効な代理人の行為と扱われ、例えば、Bが（Aの代理人と自称して）Cから物を購入したような場合には、Aは代金を支払う義務を負う。代理権を与えてもいないのに「代理権を与えた」などと表示した方が悪いのである。これを「代理権授与表示」による表見代理という。実際には代理権を与えていないのだから「代理権授与行為」ではない。もっとも、これは相手方Cの信頼を保護する制度であるから、Bに代理権がないことについてCが悪意であるとき、または、善意でも過失があるときまでCを保護する必要はない（109条1項ただし書）。

なお、法定代理の場合には、そもそもAがBに代理権を与えるわけではない。したがって、109条の適用も考えられない。

[実際の適用例]

なお、実際には、代理権を与えていないのに「与えた」と表示したなどという事件は考えられない。BがAの代理人であるかのように行動してAも黙認していたような場合に、109条が持ち出されることが多い（最判昭和35年10月21日民集14巻12号2661頁「東京地方裁判所厚生部事件」）。

(2) 表見代理②——権限外の行為による表見代理

[権限外の行為]

110条によれば、代理人が代理権の範囲外の行為をした場合でも、「代理権の範囲内である」と相手方が信じてしまい、かつ、信じたことについて正当な理由があるなら、109条1項が準用される。つまり、本人は（代理人の行為について）責任を負い、有効な代理として扱われる。例えば、AがBにアパートの管理を任せたとしよう。この場合、Bには、アパート

の管理に必要な範囲（賃料の受領とか雨漏りの修理工事の依頼とか）では代理権があるが、アパートを売却する権限まではあるまい。しかし、Bが「Aからアパートの売却を依頼されている」とCにウソを言ったのでCが「Bにはアパートを売却する代理権がある」と誤信し、しかも、そう誤信したのも無理はないときには、110条が適用されてアパートの売買契約は有効に成立する。Aは、B相手に責任を追及するしかない。これを、「権限外の行為による表見代理」という。

①基本代理権　上の説明でもわかるように110条は何らかの代理権が存在することを前提にしており、これを「基本代理権」という。

　なお、法定代理（前述144頁）について、その代理権を基本代理権として110条を適用できるかが問題となった。法定代理の場合には本人が代理人を選任したわけではないので、その代理人の権限外の行為について本人に責任を負わせるのは気の毒ではないかとも考えられるからである。761条による代理権について、やや折衷的な解決をした判決（最判昭和44年12月18日民集23巻12号2476頁）がある（各自で調べてほしい）。

②正当な理由　また、Cが「Bにはアパートを売却する代理権がある」と誤信したことについて「正当な理由」が必要である。「Cが善意かつ無過失であること」と理解してもよい。一般論としては、アパートの管理人にアパートを売却する権限があるはずはないので、管理人に過ぎないBがCに「自分（B）はAからアパートの売却も任されている」と述べたくらいでは正当な理由にはならない。しかし、例えば、AがBにアパートの権利証（前述81頁）や実印を預けていて、BがこれをCに見せて「自分（B）はアパートの売却も任されている」と言ったのなら、実際にはAはアパートの売却を任せる趣旨で権利証等を預けたのではなかったとしても、Cが誤解したのも無理はないといえるであろう。

　なお、前述（153頁）したように、一般論としては、「Bに代理権がある」とCが信頼しただけでは表見代理は成立せず、Cが誤解したことについてAにも「責任」がある場合でなければならない。109条の場合には、代理権を与えてもいないのに「代理権を与えた」という代理権授与表示をした方が悪いことは明らかであるが、110条の場合には、なぜAに責任を負わせることができるのであろうか？　Bにアパートの管理を委託して権利証や実印を預けた程度では、Aの「過失」とはいえないかもしれない。しかし、これがCの誤解の原因となったのであるから、（AとCとを比べれば）Aの方が「悪い」とはいえるので、必ずしもAに過失がなくともAに責任を負わせてよいの

である（最判昭和34年2月5日民集13巻1号67頁）。

　もっとも、110条については、Aに全く過失がないのに110条を適用するのは妥当ではないという批判もある。確かに、Aに過失は不要であるとする立場を徹底させると、BがAの家から権利証等を盗み出した場合でも110条が適用されることになりそうだが、これはAに気の毒ではなかろうか。盗品については192条は適用されない（193条）ことと比較されたい。

［109条と110条との重畳適用──109条2項］

　例えば、AがCに対して、実際にはBは管理人ではないのに、「Bは私（A）のアパートの管理人である」旨の代理権授与表示をし、その後、Bが「自分（B）はAからアパートの売却も任されている」とウソをついてCにアパートを売却したような場合に、109条と110条とが「重畳的に」適用されることがある（109条2項）。109条1項は、授与表示をした代理権の範囲内で代理人が取引をした場合でなければ適用できないが、上記の例では、Bは、授与表示（「管理を任せた」旨を表示しただけである）の範囲を超えて取引（アパートの売却）をしている。他方、110条が適用されるためには基本代理権の存在が必要であるが、この例では、代理権授与表示は存在するが、Bは実際には管理人ですらないので代理権は全くない。そこで、まず、109条1項によってアパートの管理の範囲内については代理権が存在するかのように扱い、次に、この（仮想の）代理権を基本代理権として110条を適用したのである。

(3)　表見代理③──代理権消滅後の表見代理

［代理権が消滅する場合］

　111条によれば、以下の場合には代理権は消滅する。

①一般的な消滅事由　まず、本人が死亡すれば代理権は消滅する（つまり代理関係は相続されない）。また、代理人が死亡した場合にも消滅するし、代理人が破産（前述64頁）したり後見開始の審判を受けたときにも消滅する。この場合（破産および後見開始の審判）には、代理人の取引能力に疑いがあるからである。なお、これは、代理人は行為能力者である必要はないこと（102条）とは矛盾しない。制限行為能力者であるとわかっていて代理人に選任することはかまわないが、ここ（111条1項2号）では、選任当

時は行為能力を有していたが、その後能力を失った場合が問題となっているのである。

②任意代理の場合　任意代理の場合には、本人と代理人との契約が終了すれば（当然に）代理権も消滅する。さて、多くの場合にはこれ（本人と代理人との契約）は委任契約であるところ、委任契約は相互に自由に解除できることとされ（651条1項）、さらに、委任者（つまり本人）または受任者（つまり代理人）が死亡したり破産した場合、および、受任者が後見開始の審判を受けたときにも終了する（653条）。653条と111条1項は結局はよく似ているが、653条では、111条1項とは異なり、委任者（本人）が破産したときにも代理関係が終了するとされている点が異なる。任意代理の場合には、委任者が破産すると受任者（代理人）は報酬を払ってもらえなくなるので、それでも契約関係が継続しては受任者に気の毒なのである。

［代理権消滅後の表見代理］

さて、112条1項によれば、代理権が消滅しても、善意の第三者に対しては代理権の消滅を対抗することはできない。例えば、AがBを代理人と定めてCと取引をしていたが、AがBとの委任契約を解除したところ、その後に、Bが、未だAの代理人であるかのようにCと取引をし、Cも（それまではBは代理人であったので）これを信じて取引をしたときには、Aは「Bはもはや自分（A）の代理人ではない」旨をCには主張できない。結局、有効な取引として扱われるのである。Bとの委任契約を解除したのなら、取引先には通知すべきであろう。なお、代表取締役が退任した旨が登記されたときは、その後に第三者が（元）代表取締役と取引をしても112条は適用されないとした判決がある（最判昭和49年3月22日民集28巻2号368頁）。前述（55頁）したように、商業登記には強い効力が認められているからである（商法9条）。

ただし、Cが（代理権の消滅を）知らなかったことについて過失があるときは例外とされた（112条1項ただし書）。したがって、Cに過失があるときには、Aは、「Bは代理人ではなく、あれはBが勝手にした取引なので自分（A）には関係ない」と主張することが許される。結局、（112条1項本文の表現にもかかわらず）Cは善意かつ無過失でなければ保護されないのである。

それなら、なぜ112条1項本文で「善意かつ無過失の第三者に対抗することができない」と表現しなかったのであろうか？　現在の112条の表現によるなら、Cは「自分

（C）は善意である」旨を証明できれば（一応）112条1項本文が適用されて保護を受けられることになる。その後、Aの方で「お前（C）は善意かもしれないが過失があるじゃないか」ということを証明できれば、112条1項ただし書が適用されてCは保護されないことになる。これに対して「善意かつ無過失の第三者に対抗することができない」と表現されているなら、Cの方で「自分（C）は善意であり、かつ、過失もない」旨証明しなければならないことになる。このように、条文の表現は、「誰が証明すべきか」（「証明責任」（または立証責任）という）に関係する。

　もっとも、証明責任は、必ずしも条文の表現だけで決まるものではない。112条1項の場合も、現在では、Cの方で「自分（C）は善意かつ無過失である」旨証明しなければならないと解釈する見解が有力である。

［110条と112条の重畳適用──112条2項］
　109条と110条の重畳適用と同様に、110条と112条の重畳適用も考えられる（112条2項）。例えば、BがA所有のアパートの管理人であったところ解任され、その後に、Bが「自分（B）はAからアパートの売却を任されている」とウソをついてCにアパートを売却したような場合である。

2………無権代理その他

(1)　無権代理

　さて、今まで述べてきたように、Bが何の代理権もないのに、または、代理権の範囲を超えて、「自分（B）はAの代理人である」と称してCと取引をした場合であっても、109条、110条または112条が適用されて表見代理が成立するなら、有効な取引として扱われる。逆に言えば、表見代理が成立しない（＝109条、110条または112条が適用されない）なら、Aは「あれはBが勝手にしたことなので自分（A）には関係ない」と主張してよい。113条から117条までは、このような場合を扱っている。

［追認権］
　BがAに無断で「自分（B）はAの代理人である」と称してA所有の土地をCに売った場合であっても、後で、Aが「まぁいいや」と思って、Bのした取引を「追認」することは認められる。このときは、取引は契約

時に遡って有効とされ（116条）、AはCに代金を請求できる。113条1項は、追認する権利がAにあることを当然の前提として、「Aが追認をしない限り（当該取引は）Aには関係しない」と規定している。

　もちろん、追認する義務があるわけではなく、Aは追認を拒絶することもできる（「追認拒絶権」と呼ばれることもある）。いったん追認を拒絶した後は、「気が変わった」と言って改めて追認することは許されない。

　追認や追認の拒絶は、原則として相手方（C）に対してするべきであるが（113条2項本文）、Bに対してしてもよい。ただし、このときは、「Aが追認（または追認拒絶）したこと」をCが知らない限り、Aは、追認（または追認拒絶）をCに対抗できない（同条2項ただし書）。

［催告権および取消権］

　さて、そうなると、Aが追認（または追認拒絶）をするか否かによって取引が有効となったり無効となったりするので、Cは不安定な立場になる。そこで、Cは、Aに対して「追認するか否かを（一定期間内に）確答してくれ」と催告することができ、期間内に追認されない場合には追認が拒絶されたものとみなされる（＝もう追認できなくなる）（114条）。行為能力が制限されている者と取引をした場合に関する20条と同様の趣旨の制度である。

　また、Cは、Bに代理権がないことを知らなかったときには、Aが追認するまでの間は契約を取り消すこともできる（115条）。このときには、Aは、もはや追認をすることができなくなる。

［問題6：無権代理と相続］

1．Aの子Bが、Aには無断で、「自分（B）はAの代理人である」と称してA所有の土地をCに売ったとする。その後、Aが死亡してBが相続した場合の法律関係について論じなさい（B以外に相続人はいないものとする）。

2．1．と同じ事実関係で、ただ、Bが死亡してAが相続した場合はどうか（A以外に相続人はいないものとする）。

［解説］

1．Bが「自分（B）はAの代理人である」と偽ってA所有の土地を

売却した場合、表見代理が成立しない限り契約は無効であり、Aは、土地の返還を要求することができる。さて、Aが死亡してBが相続したときには、Bは、Aの権利義務をすべて承継するので（896条）土地はBの所有物となり、Bは、Cに対して土地の返還を要求できるように見える。しかし、そもそもBがCに売った立場であることを考えると、これはずうずうしいのではなかろうか。そこで、無権代理人が本人を相続した場合には、追認しなくとも、契約は当然に有効となると判決された（大判昭和2年3月22日民集6巻106頁等）。

　結論は正当であろう。問題は、この結論をどのように正当化するかである。例えば、BがA所有の土地を売却しても無効であるのは、所有権者でなければ処分する権限はないところ（206条）、Bは、所有権がないのに土地を売却したからであった。そうであるなら、後にAが死亡してBが土地の所有権を相続した場合には、順番が逆であるにせよ（所有権者が処分したのではなく処分した後に所有権を取得した）処分は有効であるとしてよい。そして、無権代理人が本人を相続した場合も同様に考えられる。上記の大審院の判決は、このように考えて、相続によって本人としての立場と無権代理人としての立場が同一人に帰した場合には契約は当然に有効になるとしたのであった。これを「資格融合説」と呼ぶ。これに対して、学説の一部は、当然に有効となるのではなく、Bが追認を拒絶することは信義則（後述209頁）に反して許されない（結論としては有効とするのと大差ない）と主張する（「信義則説」）。小問2のような場合を統一的に説明できるからであるが、続けて解説しよう。

2．さて、小問2のようにBが死亡してAが相続した場合も、相続によって本人としての立場と無権代理人としての立場が同一人に帰したともいえる。すると、「資格融合説」からは、この場合にも契約は当然に有効となり、Aが土地の返還を求めることはできないようにも思える。しかし、小問1の場合と異なり、Aは土地を無断で売却された「被害者」の立場にある。それなのに、Bが死亡してAが相続したという理由で土地の返還を求めることができなくなるのは明らかに不合理であろう。そこで、本人が無権代理人を相続した場合には、契約は当然には有効とはならないと判決された（最判昭和37年4月20日

民集16巻4号955頁)。

　「信義則説」からは、**小問2**のような場合には、Aが追認を拒絶して土地の返還を要求することは信義則に反しないであろう。したがって、**小問1**と**小問2**とを上手く統一的に説明できるのである。

　もっとも、どちらの説をとるにしても、(死亡する前の)Bは(後述する)無権代理人の責任(117条)を負い、契約を履行するか損害を賠償しなければならない。相続によってBの(無権代理人としての)責任もAに引き継がれるのであるから、Cが、契約の履行をAに対して請求したときにはAは拒絶できないことになる(最判昭和48年7月3日民集27巻7号751頁)。すると、**小問2**の場合でも、Cが117条による責任を主張すれば、Aは、追認を拒絶して土地の返還を求めることはできなくなることになるが、これは不都合ではないかという批判もある。

　なお、この「無権代理と相続」の問題では、いろいろな「応用問題」が考えられる。最判昭和63年3月1日判時1312号92頁や最判平成5年1月21日民集47巻1号265頁等を参考にして各自研究してほしい。

[無権代理人の責任]

　Bが「自分(B)はAの代理人である」と偽ってCと取引をした場合には、表見代理が成立せず、かつ、追認もされないなら、契約は無効となる。このようなときは、相手方(C)は無権代理人(B)に対して責任を追及するしかない。117条1項によれば、Cは、Bに対して、契約の履行または損害の賠償を請求することができる。

　しかし、①Bに代理権がないことをCも知っていたとき(117条2項1号)、または、②知らなかったとしても過失があったとき(注意すればわかったはずであるとき、同条2項2号)、および、③Bが行為能力を制限された者であるときは例外とされた(同条2項3号)。①および②の場合にはCを保護する必要はないし、③は制限行為能力者を保護する趣旨である。

[表見代理と無権代理との関係]

　表見代理が成立するなら契約は有効と扱われるから、Bの責任を追及する必要はない。では、このような場合には、Cは、あえて表見代理の主張

をせずに、Bの責任を追及することは許されないのであろうか。考え方は
2つあり、①表見代理とは無権代理の1つの場合なので、あえて表見代理
を主張せずに、無権代理人の責任を追及することも許されるとする見解と、
②表見代理が成立しないときに限って無権代理の問題となる（表見代理が
成立するなら契約は有効であるから無権代理の問題は生じない）と主張する見
解とが対立している。

　これは、117条2項2号の「過失」の意味の解釈にも関係する。同条2
項2号によると、Bに代理権がないことについてCは善意かつ無過失で
なければ117条の責任を追及することはできない。しかし、Cが善意かつ
無過失であるなら表見代理が成立することが多いであろうところ、上記の
②説によれば表見代理が成立するなら無権代理の問題とはならないのであ
るから、同条2項2号の適用範囲が非常に狭くなってしまう。そこで、②
説を前提として「117条2項2号の『過失』とは『重過失』という意味に
制限的に解釈すべきである（Cに軽過失があるときには、表見代理は成立し
ないが、117条2項2号の責任追及は許されるので117条2項2号の適用範囲が
広がる）」という見解が主張された。しかし、最高裁は、そもそも②説を
とらない旨の判決をした（最判昭和62年7月7日民集41巻5号1133頁）。同条
2項2号による責任を追及された無権代理人が、「表見代理が成立するの
だからAに請求してくれ」といって逃げるのは虫がよすぎるであろう。

　①説によるなら、無権代理には、表見代理も成立する無権代理と、表見
代理は成立しない無権代理とがあることになる。後者のことを「狭義の無
権代理」と呼んだりする。

［単独行為の場合］

　無権代理に関する113条以下の規定は、単独行為（前述141頁）について
無権代理がされた場合については原則として適用されない（118条1文）。
例えば、AとBとの契約に何らかの取消事由がありAが取消権を有する
場合に、Cが「自分（C）はAの代理人である」と偽って取消権を行使し
たときには、113条以下の追認を認める必要はないとされた。契約なら両
当事者にとって利益があるが、単独行為の場合には、相手方（この例なら
B）には不利益しかないことが多いからである。

　しかし、相手方（B）が同意したうえでの代理行為であったなら、Aが
追認することも認めてよいのではないか。そこで、118条は、①Cが無権

代理をすることにBも（Cに代理権がないことを知りつつ）同意した場合、および、②（Cに代理権がないことを知るか否かにかかわりなく）Bがあえて「Cには代理権がないじゃないか」と争わない場合には、113条以下の規定が適用されるとした。また、上記の例でBに取消権がある場合に、BがCに対して、Cの同意を得て（＝実際にはCにはAを代理する権限はないのにあるものとして）取消権を行使した場合も同様であり、Aが追認すれば取消しは有効となる（118条2文）。

(2) 代理と類似する制度

［使者］

前述（145頁）したが、代理人は意思決定を委ねられている。これに対して、本人が意思決定をして、それを相手方に伝達するだけの場合には「使者」と呼ばれる。もっとも、本人は代理人に対して指図をすることもできるので、この区別はあいまいなことも多い。

使者についても、代理に関する規定を、性質の許す限り適用してもよいとされる。特に表見代理に関する109条、110条や112条などが問題となる。

［代表］

これも前述（57頁）したように、法人の理事は法人を「代表」することとされている（一般法人法77条）。代理の場合には「個人」を代理しているのに対して代表とは「組織」に関して使う用語であるが、代表者がした法律行為は法律上は組織そのものがしたものとみなされる点で、代理と極めて似ている。むしろ、基本的には同じ性格の制度であると扱われており、代理に関するものとして紹介した判例のいくつかは、実は代表に関するものである。

民法自体は、個人について「代表」という語を使うこともある（824条等）。包括的な権限について「代表」といい、ある程度限定されている場合に「代理」と呼んでいるとされるが、読者は、とりあえずは上記のように理解してよい。

［問題7］

1. 市長が市を代表して手形を振り出すには市議会の議決が必要とさ

れていたところ、A市の市長Bは、この手続を経ずに約束手形を振り出してしまった。この場合の法律関係について論じなさい。

2．一般社団法人Aでは「代表理事が不動産を売却する場合には社員総会の議決が必要である」旨定款で定められていたが、代表理事Bは、この手続を経ずに不動産をCに売却してしまった。この場合の法律関係について論じなさい。

3．組合員の互助組織である中間法人A組合では、事業の一環として組合員に対して金銭の貸付をすることができることとされていたところ、理事Bが、組合員ではない友人Cに組合の資金を貸し付けてしまった。この場合の法律関係について論じなさい。

4．一般社団法人Aの理事Bが、代金を着服する意図で、法人所有の不動産をCに売却してしまった。この場合の法律関係について論じなさい。

[解説]

　上に述べたように、代理と代表とは同列に論じられる部分も多い。そこで、ここで、代表をも含めて復習しておこう。

1．小問1の場合には、必要な手続を経ないで振り出されたのだから手形は無効になり、A市が一般法人法78条（平成18年改正前の民法44条1項）に基づいて損害賠償責任を負うかが問題となる（前述58頁）。そもそも市長には市議会の議決がないのに手形を振り出す権限がないのだから、一般法人法78条にいう「その職務を行うについて」に該当しないようにも見える。しかし、このような「内部の事情」は相手方にはわからないであろう。そこで、市長には、少なくとも「抽象的には」手形を振り出す権限があるとして平成18年改正前の44条1項（＝一般法人法78条）を適用した判決がある（最判昭和41年6月21日民集20巻5号1052頁）。細かいことをいえば、「なぜ」手形を振り出したのかにも注目してほしい。例えば、市長が自分の借金を返済するために手形を振り出したのなら、手形自体が無効となっても相手方は借金の返済を求めればよいのだから、損害賠償を請求する必要はない。この事件では、損害賠償請求せざるを得ない特殊な事情があったのである。ここでは詳しく説明することは避けるが、興味のある読者は、各自で判決にあたってほしい。

　これに対して、手形の振出は法律行為であるところ、法律行為の効

力が問題になっているときには民法110条を適用すべきであるとする見解もある。また、まず110条を適用し、それができないときに限って、一般法人法78条による損害賠償責任を認めるべきであるという主張もある。

2．**小問2**では代表理事の代表権が定款により制限されているが、これは、善意の第三者に対しては対抗できない（一般法人法77条5項）。したがって、Cが「不動産を売却するには社員総会の議決が必要である」ことを知らなかった場合には、Aは、取引の無効を主張できず、不動産の返還を求めることはできない。

　なお、Cが「不動産を売却するには社員総会の議決が必要である」ことは知っていたが、Bが社員総会の議決書を偽造したためにCが「適法な手続に基づく売却である」と誤解した場合も考えられる。この場合には、Cは代表権の制限は知っていたので一般法人法77条5項にいう「善意の第三者」には該当しないが、民法110条が適用されて売買契約が有効とされることもある（前述58頁）。

3．**小問3**の場合には、組合の「目的」の範囲を超えているので、34条違反の問題となる。前述（50頁）したように、34条については、①法人の権利能力を制限したものと解する見解、②行為能力を制限したものと解する見解、③理事の代表権を制限したものと解する見解、および、④理事の対内的義務に過ぎないと解する見解がある。①説および②説によれば、貸付は無効である。③説によっても無効となるのが原則であるが、例外的に表見代理が成立するとき（Cが善意かつ無過失であり110条等により保護されるとき）には有効としてよいことになろう。④説によれば常に有効であり、理事のAに対する責任が問題となるのみである。しかし、④説は主に営利法人（つまり会社）を念頭に置いている見解であり、**小問3**のような中間法人について妥当するかは疑問である。

　また、中間法人の活動の範囲は、法律で定められていることが多い。すると、**小問3**のような場合は、むしろ「取締法規に違反する法律行為の効力」の問題（前述107頁）として扱えばよいともいえる。この考え方によるなら、その取締法規の趣旨（違反する法律行為を無効とする必要があるか否か）を考えて解決するべきことになろう。

なお、仮に貸付が無効になるとしても、Cは貸付金をもらってよいわけではなく、不当利得として703条に基づいて返還するべきことになる（最判昭和44年7月4日民集23巻8号1347頁参照）。したがって、貸付が有効か無効かは、実際的には大きな意味はないともいえる（有効なら利息も払わなければならないが無効なら不要である点が差であろうか）。

　4．小問4の場合には、理事の権限は制限されていないのだから、Bには不動産を売却する権限がある（一般法人法77条1項）。したがって、Bは代理権を逸脱したわけではない。しかし、Bは私腹を肥やす目的で権限を行使しているので、これは、代理権の濫用の問題となり（前述149頁）、平成29年改正後の107条が適用される。

　不動産を売却する権限はあるのだから、基本的には売却は有効としてよい。しかし、Bが代金を着服する意図であることをCも知っていた場合に、（Aよりも）Cを保護すべき理由はない。そこで、107条により、Cが悪意、または、善意でも過失がある場合には契約は無効である。すると、小問4でも、AはCに対して不動産の返還を請求できることになる。それなら、Cは、Aから代金を返してほしいと思うであろうが、Bが着服する意図であることを知りながらBに支払ったのだから、Aが代金を受領したとは評価できまい。したがって、B相手に不当利得（704条）として返還を請求することになろう。

　5．似たような問題を4つも検討したが、どのような場合にどの条文が適用されるのかを正確に区別するのは難しい。なお、会社の会計係が手形を偽造した場合に715条により会社に責任を負わせた判決（最判昭和40年11月30日民集19巻8号2049頁）もあるので（前述59頁）、実際には715条をも視野に入れて考えなければならない。前述（6頁）したように、民法は、起源や由来も異なる様々な制度の「寄せ集め」なのである。例えば、小問3のような場合には、法人の目的は定款に記載されているのだから「定款による代表権の制限」の問題であると考えると、小問2と同じように一般法人法77条5項によっても解決できるようにも見える。（筆者も自信ないが）以下のように整理できないだろうか。

　①小問3も一般法人法77条5項によって解決できるように見えるとしても、やはり目的が問題となるときには民法34条によって解決されるべきであろう。つまり、34条は、理事が目的外の行為をし

た場合に関する「特別法」（前述5頁）であると考えられるなら、まず、34条の問題となるか否かを考えるとよいのではないか。

②同様に、一般法人法77条5項も、定款等によって代表権が制限されている場合を扱う条文として、その他の制度（一般法人法78条や民法110条等）に対する特別法であるといえる。したがって、（34条の次には）まず一般法人法77条5項の問題として解決することを考えるべきであろう。

③他方、代理権の濫用は、代理権の範囲内であることを前提とする（その意味で）特殊な場合であるから、これも特別扱いされる（107条）。

④以上の①から③に該当しない場合については、より一般的な法理、具体的には一般法人法78条や民法110条によって処理できる。前述したように、法律行為の効力が問題となっているときには110条によるべきであるとする見解や110条を優先的に適用する見解もあるが、当事者の選択に委ねるという考えもあろう。

6．本問の解説からははずれるが、この辺で、「問題」の解答方法の一般論を考えてみよう。

（1）まずは、そもそも何条が問題となるのかがわからなければしょうがない。法律問題とは多様なようであるが、そもそも権利（財産権）は物権か債権かであるので、どちらが問題となるのかを考えればよい。物権に関する法律関係が問題となっているのであれば民法第2編（175条以下）をあたればよいし、そうでないなら、債権法の問題である。債権発生原因は4つあるが（前述17頁）、まず、当事者間に契約関係があるか否かを考えよう。契約関係がないなら、不法行為や不当利得等の問題である。このように詰めていけば、関連する条文を探し出すことができるであろう。その際、「物権法／債権法」とか「実体法／手続法」、あるいは、「公法／私法」のように「ペア」にして考えれば、発想が偏らずに済む。

（2）さて、条文が見つかったとして、機械的に適用すれば解決できるとは限らない（機械的に条文を適用すれば解決できるようなケースが「問題」として出題されることはあるまい）。条文の適用に際して不都合が生じ、それを解決するために条文を「解釈」する必要が出てくる。

では、条文の適用に際して、どのような問題が生じ得るのであろうか。

①まず、ある条文を形式的に適用すると、その結論が不当であるように思われる場合がある。このときには、「このような場合には、この条文は適用されない」と制限的に解釈することになる。例としては、177条に関する「制限説」（前述83頁）が挙げられよう。

②また、本問の**小問1**のように、複数の条文が適用できるように見えることがある。適用する条文によって結論が異なったりすると、問題は一層深刻である。これを「競合」問題と呼ぶが（前述35頁）、このときには、解釈によって、どの条文が優先的に適用されるのかを定めることになる。もっとも、あえて定めず、どの条文を適用するかは、当事者の選択に委ねるという解決もあり得る。

③まれには、適用すべき条文がないこともある（法の不存在）。このときには、似たような場面を規制する条文を「類推適用」するが、それも発見できないときには信義則（後述209頁）等の一般理論で解決するしかない（もっとも、一般理論による議論は「水掛け論」になりやすいが）。

(3) そして、その論点に関する判例や学説を調査して、それを参考にして自説をまとめる。ただし、そもそも論点を探すためにはある程度は判例や学説の知識が必要であるから、上記(2)の作業とこの(3)の作業とは並行して行うことになる。もっとも、従来は議論されていなかったような論点を「発掘」することが許されないわけではない。

自説をまとめるときには、「自分はこう思う」だけではなく、予想される反論に対する再反論をも考えること。議論がより緻密になるし、あり得べき反論を予想しているうちに自分の考え自体が変わってくることもある。このような「フィードバック」を経て、議論は、より客観性を増すのである。

第 6 章

無効および取消し

　これまで学んできたように、様々な場合に契約は無効とされ、あるいは、取り消される。このときには契約を清算することになるが、その清算の方法を定めているのが119条以下である。しかし、その前に、そもそも、どのような場合に、契約を清算することとなるのか復習して、まとめておこう（ぜひ覚えてほしい）。

　[問題8]
　1．契約は、どのような場合に無効とされるか。
　2．契約は、どのような場合に取り消されるか。
　3．契約は、どのような場合に解除されるか。
　[解説]
　1．契約が無効とされるのは、以下の場合である。
①当事者に意思能力がなかった場合（3条の2）
②契約内容が公序良俗に反する場合（90条）
③心裡留保による契約で、かつ、相手方にもわかっていたかわかったはずである場合（93条1項ただし書）
④両当事者で通謀して虚偽の表示をした場合（94条1項）
⑤無権代理の場合　もっとも、無権代理による行為は「無効」であるとはいうが、Aが「自分（A）はBの代理人である」とウソをついて契約をしても契約の効果がBには及ばないという意味なので、契約そのものに問題がある①から④までの場合とは異なると指摘される。A所有の土地をBが自分（B）の所有であるかのようにCに売却した場合（他人物売買）も、同様であり、処分権がない者（B）が売っても契約の効果はAには及ばないので所有権はCに移転しないという意味に過ぎない。契約そのものは有効であり、Bは（Aから土地を取得して）所有権をCに移転する義務を負う（561条）。
　2．契約が取り消されるのは、以下の場合である。

①当事者の行為能力が制限されているのに、制限に違反して契約をした場合（5条2項、9条、13条4項および17条4項）

②重要な錯誤がある場合（95条1項）

③詐欺または強迫により契約をした場合（96条1項）

3．契約が解除されるのは、以下の場合である。

①相手方が契約に違反した場合（541条および542条）

②この他にも、契約類型により特殊な解除権が定められている（612条2項や641条など）。

4．無効・取消しと解除との関係　契約が無効とされる場合1．や契約が取り消される場合2．には契約締結時に既に問題が生じているのに対して、契約が解除される場合3．においては、契約締結時には問題はなく、ただ、相手方が履行しないので問題が生じたのである。また、契約が無効とされる場合や取り消される場合のように既に契約締結時から問題が生じているときには、対価とのバランスがとれていないことも多い。例えば詐欺により契約をした場合に、なぜ取り消すのかを考えてみると、騙されたために安い物を高く買ってしまった（あるいは高い物を安く売ってしまった）からであろう。契約が解除される場合には、そのような（＝対価とのバランスがとれていないという）問題はないが、相手方が履行しないためにバランスが崩れた（品物を渡したのに代金を支払わない等）ので解除して清算するのである。

　契約を解除した場合の清算の方法については、540条以下に規定されている。これから学ぶ119条以下は、契約が無効とされる場合および取り消された場合の清算の方法を扱っている。

第1節●無効

［無効の概念］

　無効とは、意図されていた権利や義務が生じないことである。したがって、権利や義務の発生を意図した行為ではない場合（不法行為（前述18頁）など）については「無効」という問題は生じない。

①**無効の主張権者**　法律行為が無効である場合には、誰でも（契約当事者

はもちろん第三者でも）無効を主張して契約を否定できるのが原則である。しかし、例えば、平成29年改正以前の錯誤無効（旧95条）については、錯誤に陥っていた当人以外は（原則として）無効を主張できないと解釈されていた。95条は錯誤に陥っていた者を保護する制度だからである。それなら、錯誤以外の場合でも、例えば意思能力がないことを理由とする無効についても、無能力者以外（例えば、相手方）が無効を主張することはできないと解釈することも許されるであろう。

②**無効を主張できる期間**　後述（176頁）するように、取消しについては、取消しをすることができる期間が制限されている（126条）。これに対して、無効については、無効を主張することができる期間を制限する規定はなく、これを批判する見解がある。確かに、余りに期間が経過しており、相手方が「もう無効を主張しないであろう」と信じるに至ったような場合には信義則（後述209頁）によって無効の主張を制限するべきであろう。

［無効行為の追認］

119条によれば、無効な契約を追認しても有効にはならない。しかし、当事者が、契約が無効であることを知りつつ追認したときには、追認の時に改めて契約をしたものとみなされる（同条ただし書）。もっとも、契約内容が公序良俗に反するために90条によって無効とされるようなときには、当事者が追認をしても有効になるわけではない。

119条ただし書は「追認の時に」改めて契約を締結したものとみなすのであり、契約締結時に遡って有効になるわけではない。もっとも、前述（159頁）したように、無権代理行為を本人が追認したときには遡及的に有効になる（116条）。これを根拠に、他人物売買の場合、例えばA所有の土地をBが自分（B）の所有であるかのようにCに売却した場合にも、Aが追認したなら、116条を類推適用して契約締結時に遡って有効としてよいとする判決がある（最判昭和37年8月10日民集16巻8号1700頁）。

ただし、そうすると、上の例で、Aの土地をBがCに売却した後に同じ土地をAがDに売却し、しかも、その後になって、Aが、BとCとの売買契約を追認した場合に、Dの立場はどうなるかという問題が生じる（116条でも同様の問題がある）。一種の「二重売買」（前述82頁）になり、CとDのうち先に登記をした方が勝つと解釈されている。

［無効行為の転換］

　遺言には、自筆証書による遺言（968条）の他、公正証書による遺言（969条）や秘密証書による遺言（970条）が認められる。後者（秘密証書遺言）の場合には公証人および証人の前に証書を提出して「これが私の遺言です」と述べるわけだが、これが何らかの理由により970条の要件を満たさない場合であっても、968条の要件は満たしていることはあり得る。そこで、このような場合には、秘密証書遺言としては無効であっても、自筆証書遺言としては有効である（971条）。このように、元来はＡという法律行為として意図された行為が、Ａとしては無効であっても、別のＢという法律行為の要件を満たすなら、Ｂとして有効にすることを「無効行為の転換」という。

　このほかに、妾の子を嫡出子として届け出た場合に、認知としての効力を認めた判決がある（大判大正15年10月11日民集5巻10号703頁）。つまり、妾の子なのだから「嫡出子としての」出生届は無効であるが、自分の子であることを認めているわけだから「認知」（779条）としての効力は認めてよいという趣旨である。しかし、他人の子を嫡出子として届けた場合に、養子縁組としての効力は認められなかった（最判昭和50年4月8日民集29巻4号401頁）。

第2節●取消し

［取消しの概念］

　取消しとは、一応は有効な法律行為を、「あの契約は取り消しますよ」といって無効にすることである。契約を取り消すことは、一方的な意思表示（123条）による単独行為であり、このように、一方的に法律関係を変動させる（取消しの場合には契約を無効として権利や義務を消滅させる）権利を「形成権」という（前述141頁）。もっとも、婚姻の取消し（743条以下）や会社の決議の取消し（会社法831条）などは一方的な意思表示ではなく、「取消しの訴え」を裁判所に提起して判決により取り消すのである。したがって、ここでの取消しとは区別しなければならない。

［取消権者］

誰が取り消すことができるのかは、120条に規定されている。

①行為能力が制限されていたという理由で取り消す場合には、取り消すことができるのは、制限行為能力者、代理人、同意権者（保佐人や補助人など）である。なお、制限行為能力者にも（完全な）取消権があることに注意してほしい。例えば、未成年者は、法定代理人の同意がなくとも取り消すことができる。未成年者が法定代理人の同意を得ないで取消しをしたときに、その取消しを、法定代理人が「取り消す」ことはできない。

②錯誤、詐欺または強迫を理由として取り消す場合には、取り消すことができるのは、意思表示をした者、代理人である。

［取消しの効果］

121条によれば、取り消した場合には、行為は初めから（＝遡って）無効であったものとされる。したがって、例えばAがBに土地を売った後に売買契約が取り消されたときには、Bは土地を返還しなければならないし、Aは代金を返還しなければならない（121条の2第1項）。

伝統的な通説は、この場合には、契約が無効となったために受け取った土地や代金を保持する「法律上の理由」がなくなったので返還しなければならないのだから、これは「不当利得」（前述18頁）の返還であると解釈し、したがって、703条以下が適用されるとしていた。そうすると、取消原因があることを知らなかった善意者は現存利益のみを返還すればよいことになる（703条）。しかし、有償契約を清算するときには（善意か悪意かにかかわりなく）受け取った利益は全額返還するべきであるので（そうでないと代金返還とのバランスを欠く）、無償契約を精算するときに限って、善意者は現存利益を返還すればよいとされた（121条の2第2項）。

この議論とは別に、前述（26頁）したように、意思無能力者や制限行為能力者は、利益が現存する限度で返還すればよいとされている（121条の2第3項）。もちろん、制限行為能力者を保護する趣旨であり、例えば、受け取った金銭を賭博で浪費した場合には返還義務はない（最判昭和50年6月27日金商485号20頁）。しかし、これも前述（26頁）したことだが、生活費として使った場合には、もとから持っていた財産が減少しないで済んだので利益は現存しているとされる（大判昭和7年10月26日民集11巻1920頁）。

上述のように、AがBに土地を売った後に売買契約が取り消されたときにはBは土地を返還しなければならないが、それだけではなく、もちろん登記もAに戻さなければならない。しかし、登記をAに戻す前に、Bが土地をCに売ってしまったような場合について問題があることは前述（132頁）した。

［無効・取消しの場合の第三者の保護］

　ここまでに述べてきたように、例えば売買契約が無効とされたり取り消されたりした場合に（買主から買った転得者などの）第三者を保護するための制度がいくつかある。簡単に復習してみよう。

①**第三者保護規定**　契約の無効や取消しを定めた条文が、第三者を保護する条項を含んでいる場合がある。（解除について）545条1項ただし書は端的に「第三者の権利を害することはできない」と規定しているし、また、93条2項、94条2項、95条4項や96条3項のように、無効や取消しを第三者に対抗できないと表現することもある。

②**善意取得者保護規定**　売買契約が無効とされたり取り消されたりしても、買主から動産を買った転得者は（善意無過失なら）192条（前述87頁）により保護される（買主自身は保護されない）。同様に、不動産を買った転得者に94条2項を類推適用（前述89頁）することも考えられる。もっとも、94条2項の類推適用は、実体とは異なる登記を放置していた場合を念頭に置いた理論なのだから、取消し前に買主が転売した場合への適用はむずかしい（取り消すまでは売買契約は有効なのだから登記の返還を請求できない）。売買契約が無効である（または取り消された）にもかかわらず売主が買主への登記の返還を求めないで放置していた場合に94条2項の類推適用が問題とされる。

　そうすると、動産の場合（192条による保護）と不動産の場合（94条2項の類推適用による保護）とでアンバランスが生じるようにも見える。動産の場合には契約が取り消されても転得者は保護されるが、不動産の場合には（取消し後も登記を放置していたような例外的な場合でない限り）転得者は保護されないからである。しかし、192条と94条2項の類推適用とでは、責任の根拠が異なる。192条の場合には売主が買主に占有を移転した（そのために転得者が「買主の所有物である」と誤解した）点に責任の根拠があるが、94条2項の場合には通謀して虚偽の登記をした（そのために転得者

が「買主の所有物である」と誤解した）点または（せいぜい）虚偽の登記を放置した点に帰責性が認められるのだから、取消し前の転得者に192条は適用されるが94条2項は適用されないとしても必ずしもアンバランスではあるまい。しかし、192条も94条2項も機能的には似ているのだから、この差は問題であるとはいえる。あるいは、「取消しをしないで放置していた」場合には、94条2項を適用することも考えられるだろうか。

③取消し後の第三者　取消し後に買主が不動産を転売した場合については、前述（132頁）したように、判例は「二重譲渡」として解決するが、94条2項を類推適用して解決する見解もある。動産なら192条によって解決できよう。

[追認]

122条によれば、取消権者が追認したときには、行為は初めから（＝遡って）有効となる。もっとも、追認する前から（一応は）有効だったのだから、「有効となる」とは「確定的に」有効となるという意味であり、もはや取り消すことができなくなる。追認も、一方的な意思表示である（123条）。なお、前述（171頁）のように、無効な行為を追認することもできる（119条）。このときには無効な行為が有効になるのだから、ここ（122条）の追認とは異なる。また、無権代理行為を追認することもできる（116条）。これも無効な行為の追認の一種ともいえるので、ここ（122条）の追認とは異なるが、他方、このときには遡及的に有効となる（116条）点で119条の追認とも違う。

また、取消しの理由となった情況が消滅し、かつ、取消権を有することを知った後でなければ追認できない（124条1項）。例えば、錯誤、詐欺または強迫によって契約をした場合には、錯誤や詐欺に気付いた後、または、強迫が止んだ後でなければ追認できないし、行為能力が制限されていた場合には、完全な行為能力を回復した後でなければ追認できない。ただし、①法定代理人等が追認するとき、②制限行為能力者が法定代理人等の同意を得て追認するときは例外とされる（124条2項）。したがって、未成年者は（法定代理人の同意がなくとも）取消しをすることはできるが（前述173頁）、追認することはできない。ただし、法定代理人の同意を得て追認することはできる。

[法定追認]

例えば、未成年者Aが親権者の同意を得ずにBから自転車を購入した

場合には、Aは契約を取り消すことができるが（5条2項）、しかし、Aが（成人後に）代金を支払った場合には、もはや取り消すことは認められない（125条1号）。この場合には、客観的には追認があったものと見るべきであるから、仮に内心は追認するつもりではなかったとしても、追認があったものとみなすのである。このように、一定の事実があった場合には（当人の真意にかかわらず）追認されたものとみなす制度を「法定追認」という。

　ただし、Aは異議を述べることができる。上記の例で、Bが強制執行をしようとしたので、これを免れるためにAが「代金を一応支払いますが『追認』する趣旨ではありません（後で取り消すかもしれませんよ）」と断ったうえで代金を支払った場合には法定追認にはならない（125条ただし書）。

　125条によれば、以下のような場合には、法定追認とされる。

①**全部または一部の履行**　上記の例でいうなら、Aが代金を支払った場合に「履行」となるのは当然だが、AがBから自転車を受領した場合も（履行に）含まれるとされる（大判昭和8年4月28日民集12巻1040頁）。

②**履行の請求**　上記の例でいえば、Aの方から自転車の引渡しを請求した場合である。

③**更改**（513条）

④**担保の供与**

⑤**取り消すことができる契約によって得た権利の全部または一部の譲渡**
上記の例でいえば、AはBに対して自転車の引渡しを請求する権利を有するところ、この権利をCに譲渡したような場合である（466条参照）。

⑥**強制執行**（前述103頁）

[取消権の消滅時効]

　取消権は、追認することができる時（124条参照）から5年を経過すれば時効により消滅する。また、追認することができる時より5年経過していなくとも、契約の時より20年経過すれば、やはり消滅する（126条）。

　この「5年」（126条1文）と「20年」（同条2文）との関係に注意してほしい。同条1文のみだと、例えば、Aが騙されて契約を締結したときには、124条により、騙された事実にAが気が付かない限り時効は完成しない。時効については「完成する」という語を用いる。しかし、契約締結時から20年も経過したときには、騙された事実にAが気付いていなくとも、取消権は

消滅するというのが126条2文の趣旨である。騙された事実に気付かずに20年経過してしまうと、Aは、取消権を行使する機会はなかったことになる（騙されたことに気付かなければAは取消権を行使できない）。それでも、20年も経過した場合には、法律関係を安定させるために取消権を消滅させるのである。

　このように、時効に関する条文は、「現実に権利を行使できる時を起算点とする短い期間」と「より客観的に定まる起算点から長い期間」とを組み合わせて規定することが多いが（166条1項）、後者は、消滅時効ではなく「除斥期間」（後述201頁）であると解釈され得る。なお、取消権は形成権である（前述141頁）ところ、形成権については、前者の期間（現実に権利を行使できる時を起算点とする短い期間）についても除斥期間であると解釈する見解もある（これについても後述（202頁）する）。

　なお、前述のように、AがBに騙されて買ったので契約を取り消して代金の返還を請求するなら、Aは、騙されたことに気付いた時から5年が経過する前に取り消さなければならない。しかし、Aが未だ代金を払っていない場合に、Bからの支払請求に対する拒否権（「抗弁権」という）として取消権を行使するなら、時効期間が経過していても、取消しを認めてよいと主張する見解があり（「抗弁権の永久性」の理論という）、説得力もある。この場合には、代金の返還を要求しているのではなく、現状維持（代金支払請求の拒否）を主張しているのに過ぎないからである。

第 7 章 条件および期限

[条件および期限――付款]

　例えば、「次の人事異動で転勤になったら君にこの家を売る」のように、将来の不確実な事実の有無により効力が左右される契約を「条件」付の契約と呼ぶ。これに対して、「来年の３月になったら君にこの家を売る」という場合には「期限」付の契約という。条件は成就するか否か不確実であるが、期限は、確実に到来する点で条件とは異なる。したがって、例えば「私が死んだら君にこの家をあげる」という契約は期限付の契約である。人はいずれ死ぬのだから、これは条件ではない。

　なお、このように、ある契約の効力について制限を加えた特約のことを「付款」という。しかし、このように、「契約そのもの」と「契約の効力に制限を加えた付款」とを区別することには疑問もある。例えば、「家を売る」旨の契約に「もし次の人事異動で転勤にならなかったら売らない」という条件が付いている場合には、転勤にならなければ契約は無効となる。しかし、この「無効」は、契約を全体として見れば当事者が望んだ効果であるところ、90条等における無効は当事者の望んだ効果を否定するのだから、これとは意味が異なる。

第１節●条件

[停止条件と解除条件]

　例えば、「もし転勤になったら君にこの家を売る」のように、一定の事実が発生すれば（条件の「成就」という）契約が有効となる場合を「停止条件」という（事実が発生するまでは契約の効力が「停止」しているという趣旨である）。逆に、「転勤になりそうなので君に家を売るが、もし転勤にならなかったら売らない」のように、一定の事実が発生すれば契約が無効となる場合を「解除条件」という（契約の解除（540条等）と混同しないこと）。

　いずれの場合も、その事実が発生した時から、契約は有効となったり無

効となったりする（127条1項および2項）。しかし、合意によって効力を遡らせることもできる（同条3項）。

［条件付権利の効力］

　「転勤になったら家を売る」という場合には、転勤になるか否かは不確実ではあるが、相手方は「家を入手できるかもしれない」という期待を持つ（権利とは区別して「期待権」（または「期待」）と呼ぶこともある）。この期待を保護するために、128条は、条件の成否が未定である間でも相手方の利益を害してはならないと定めた。したがって、転勤になるか否かわからないうちに売主が家を取り壊した場合には、その後に転勤になったときには買主に対して損害賠償義務を負う。賠償するべきなのは取り壊した時点での買主の期待の価値なのだから、その後に転勤になったか否かにかかわりなく（つまり転勤にならなかったとしても）、取り壊した時点での転勤になる確率を考慮した額の損害賠償をさせるべきであるという見解もある。

　また、この条件付権利は、通常の権利と同様に、処分（譲渡等）、相続、保存（登記等：前述（81頁）したように、条件付の権利には仮登記をすることができる（不動産登記法105条））および担保（条件付の債務に保証人を付けたりすること）することができる（129条）。

　さらに、条件による不利益を受ける者が故意に条件の成就を妨害したときには、相手方は、条件が成就したものとみなすことができる（130条1項）。例えば、「転勤になったら家を売る」と約束していながら、転勤になる前に退職してしまった場合などである。逆に、不正に条件を成就させたときは、相手方は、条件が成就しなかったものとみなすことができる（同条2項）。最判平成6年5月31日民集48巻4号1029頁のような場合が考えられる。

［特殊な条件］

①既成条件　契約締結時において既に成就している条件を「既成条件」という。既成の停止条件が付いているときには契約は無条件（つまり有効）となり、既成の解除条件が付いているなら無効となるが（131条1項および2項。各自で具体例を考えてほしい）、当事者が条件の成否を知らない間は128条および129条が適用される（131条3項）。期待を保護する趣旨であろうが、これらの条文を適用することの実際的な意味は少ないように思われ

る。

②**不法条件**　「人を殺せば100万円あげる」のような条件を「不法条件」という が、この場合には、契約が全体として無効となる（132条 1 文）。「人を殺せば」という条件のみが無効となって「100万円あげる」という契約は有効とされるわけではない。これも「契約」と「付款」とを区別することによる問題ではなかろうか。

　また、「人を殺さなければ100万円あげる」という契約も無効である（132条 2 文）。そもそも（100万円もらわなくとも）人を殺してはいけないのであり、しかも、このような契約は（100万円払ってもらえなかったときに）人を殺す方向へ誘導する原因ともなるからである。

③**不能条件**　「太平洋を泳いで横断したら100万円あげる」のような条件を「不能条件」という。不能な停止条件が付いている契約は無効であるし、不能な解除条件が付いているときには無条件とされる（133条）。

④**随意条件**　「気が向いたら払う」のように、全く債務者の意思のみに係る条件のことを「随意条件」という。このような条件が付いている契約は無効とされた（134条）。このような約束を、法的に保護する意味がないからである。

第 2 節●期限

[始期と終期]

　例えば、 1 月に売買契約を締結したが「代金は 3 月に支払う」と定めたときには、当然ながら、売主は 3 月にならなければ代金を請求することはできない。このような期限を「始期」という（135条 1 項）。なお、この場合には契約自体は 1 月から有効であり、ただ代金の請求ができないだけであるから、停止条件とは異なる（停止条件付の契約は条件が成就するまでは効力を生じない）。もっとも、「 3 月に転勤になることが決まっているので 3 月に家を売る」という場合も考えられ、これなら、約束をしたのが 1 月でも、契約は 3 月になって初めて有効になる。このような期限も「始期」と呼んでいる。

　これに対して、「 5 月までこの家に住んでよい」という契約の場合には、 5 月になったら契約の効力が消滅するとされた（135条 2 項）。これを「終

期」という。

　「3月」とか「3ヶ月後」のように確定的に定まっている「確定期限」の他に、「私が死んだら」のような「不確定期限」もある（前述したが、人は必ず死ぬのだから「私が死んだら」という付款は「条件」ではない）。

　期限が到来する前の権利は、条件付権利よりも保護されるべきであるから（条件は成就するか否か不明であるが期限は必ず到来する）、128条や129条を類推適用するべきであると解釈されている。

［期限の利益］

　期限を付けることによる利益を「期限の利益」と呼ぶが、期限は、債務者の利益のために付けられたものと推定される（136条1項）。例えば、1月に売買契約を締結したが「代金は3月に支払う」と定めた場合は、代金を支払うべき債務者（＝買主）のために期限の利益が付けられたものとされる（つまり「3月までは払わなくともよい」という利益がある）。債務者の利益のための期限であるから、債務者が利益を放棄して2月に代金を支払うことは自由である（同条2項本文）。

　もっとも、136条1項は推定規定（前述43頁）に過ぎないから、「実は債権者のために期限を付けた」旨を債権者が立証することは許される。例えば（あまり考えられないが）買主は1月に代金を支払いたいのに売主の都合を考えて「3月に支払う」と定めたということもあろう。このときには、買主が2月に代金を支払うことは許されない。

　さて、債務者が期限の利益を放棄して期限以前に弁済をすることは許されるが、しかし、相手方の利益を害することは許されないとされた（136条2項ただし書）。例えば、利息を支払う特約がある場合には、債権者は、期限までの利息を楽しみにしている。したがって、期限以前に弁済されても困るのである。ただし、その分（＝期限まで）の利息を付けるなら、期限到来以前に弁済することも許される（大判昭和9年9月15日民集13巻1839頁。なお、666条2項にも注意）。なお、銀行から金を借りる場合には、期限の利益は借りる側にある（「貸す」と「預ける」の違い（前述20頁）参照）。したがって、利息付で借りた場合であっても、期限前に弁済するときに期限までの利息を付ける必要はなく、弁済時までの利息を付ければよい（大判大正7年3月20日民録24輯623頁）。

［期限の利益の喪失］

さて、期限の利益は（原則として）債務者にあるのだが、以下のような場合は、債務者は期限の利益を失う（＝期限が到来していなくとも直ぐに弁済しなければならない）とされた（137条）。どの場合も、債務者の経済的な信用が失われるからである。

①債務者が破産手続開始の決定を受けたとき

②債務者が担保を滅失・損傷または減少させたりしたとき　抵当に入れていた建物を取り壊したような場合である。

③債務者が担保を供する義務を負うにもかかわらず供しないとき　法律により担保提供義務を負うこともあるし（650条2項等）、契約により負うこともある（抵当物が損壊したような場合に備えて「増担保特約」を定めることが多い）。これを履行しないときである。

このほかにも、契約によって、「一定の場合には債務者は期限の利益を失い即時に弁済する義務を負う」旨定めることもあり、これを「期限の利益喪失約款」という。例えば、債務者が（別の債権者から）強制執行を受けた場合とか不渡手形を出した場合に期限の利益を喪失するとされることは多く、また、債務を分割払いにした場合なども、「1回でも不払いとなったときには（その回の分だけでなく）残額全額について期限の利益を失う」と定められるのが普通である。

第 8 章 ┊ **時効**

　一定期間（10年とか20年）他人の者を占有していると自分の所有物になったり、また、ある権利を一定期間行使しないでいると権利が消滅したりする制度を「時効」という。ある事実が一定期間継続した場合には、それを尊重して法律上も正当なものと認める趣旨である。ただ、その前に、そもそも期間をどのように計算するかについての規定を学んでおこう。

第１節●期間

［時間を単位とする計算］

　時間を単位として期間を計算するときには、即時に起算する（139条）。例えば、「午前10時から１時間」といえば、「午前10時から起算して１時間（＝11時まで）」という意味である。これは全く自然であろう。

［日、週、月または年を単位とする計算］

①**起算点と満了の時**　時間を単位として計算する場合とは異なり、日、週、月または年を単位として計算する場合には、様々な操作が必要となる。まず、初日は算入せず（140条。「初日不算入の原則」という）、また、末日の終了を以て期間は満了する（141条）。例えば、「３月１日の午前10時から２日間」というときには、３月２日（の午前０時）から起算して３月３日が終了すれば（＝午後12時）期間は満了する。

　また、期間の末日が、祭日や日曜日等慣習上取引をしない日に当たる場合には、その翌日（の午後12時）に期間は満了する（142条）。

②**期間の計算**　週、月または年を単位として期間を計算するときには、暦に従って計算する（143条１項）。「１月１日（の午前０時）から１ヶ月」なら１月31日（の午後12時）に期間は満了するし、「２月１日（の午前０時）から１ヶ月」なら（閏年でない限り）２月28日（の午後12時）に満了する。「暦に従って計算する」とは、大の月であろうが小の月であろうが、とに

かく１ヶ月として計算するという意味である。

　週、月または年の途中から計算するときには、起算日に応答する日の前日に満了する（143条２項）。「１月５日（の午前０時）から１ヶ月」なら、応答日は２月５日であるので２月４日（の午後12時）に満了する。ただし、月または年により応答日がないときには、月末が満期日となる（同条２項ただし書）。例えば、「１月31日から１ヶ月」というときには、応答日（２月31日）はないので２月28日となる。また、「（閏年の）２月29日から１年」というときにも、翌年の２月28日までと計算するしかない。

　以上の計算方法は民法以外の法律にも通用するが（138条）、しかし、例外も多い。例えば、「年齢計算ニ関スル法律」では初日不算入の原則は採らず、出生の日から計算することになっている。そうでないと、３月１日の午前10時に生まれた子は、翌年の３月２日（の午後12時）でなければ満１歳にならない。

第２節●時効

［取得時効と消滅時効］
　時効にも２種類あり、他人の物を一定期間占有していると自分の所有物になる場合と、ある権利を一定期間行使しないでいると権利が消滅する場合とがある。前者を「取得時効」といい、後者を「消滅時効」と呼ぶ。なお、Ａの物をＢが一定期間占有して時効によって所有権を取得した場合にもＡの所有権は消滅するが、これは、Ｂが所有権を取得したために「反射的に」それとは両立しないＡの所有権が消滅するのであるから、消滅時効の問題ではない。

　民法では、162条以下に取得時効に関する規定があり、166条以下に消滅時効に関する規定が置かれ、144条以下には、両者に共通する規定が置かれている。ここ（144条以下）では、時効の援用、中断や停止が扱われている。

［時効制度の意義］
　「ある事実が一定期間続いた」だけで権利を取得したり喪失したりする

のは不当であるようにも思えるので、「なぜ時効という制度があるのか」
については多くの議論がある。通常は、①一定期間続いた事実を尊重する、
②「権利の上に眠る者」（権利を有しながら行使しない者）は保護に値しない、
③あまり古いことについては証明が難しくなるので立証を容易にする、の
３つが時効制度の意義として説かれる。

　最後（③）は、例えば、Ａが物を買ったが、長い間には契約書等が紛失
してしまって自分が正当な権利者であることの証明が難しくなったような
場合を想定して、「長い間その物を占有していた」という事実のみによっ
て権利を証明できるように時効制度があると考えるのである。時効制度を
「真の権利者を保護する」ものと理解する点で、①や②と若干ニュアンス
が異なる。近時では、これを強調する見解がある。

1………時効の援用

［時効の遡及効］

　144条によれば、時効の効果は起算日まで遡る。例えば、土地を20年間
占有すると所有権を取得できるので（162条——後述194頁）、1980年から占
有を開始した者は2000年になれば所有権を取得するが、そのときには、占
有を開始した1980年から所有者であったことになる。果実（前述96頁）の
取得等で意味がある規定である。

［時効の援用］

　145条によれば、当事者が時効を「援用」しない限り、裁判所は、裁判
に際して時効を考慮することができない。援用とは「時効が成立したことを主
張すること」と理解してよい。例えば、債権者が債務者を相手にして債務の履
行を求めて裁判を提起した場合に、既に債権の消滅時効期間（原則として
５年または10年である（166条１項））が経過していても、債務者が時効を援
用しないなら裁判所は債権者を勝訴させなければならない。当事者（この
例では債務者）が時効による利益を受けることを欲しないときに、裁判所
が「押し付ける」理由はないからである。

　これを、法律的にどのように説明するかには対立がある。時効期間が経
過することにより時効の効果は確定的に発生する（上記の例なら債権は消
滅する）と考える見解（「確定効果説」という）からは、援用とは、当事者

がそれ（確定的に発生した効果（＝債権の消滅））を裁判所で主張することに過ぎない。ただ、145条により、裁判所は、当事者が援用しない限り時効の効果（＝債権の消滅）を考慮してはならないのである。これに対して、時効期間が経過しても時効の効果（＝債権の消滅）は当然には発生せず、当事者が時効を援用して初めて時効の効果が発生するとする見解もある。当事者の援用が時効の効果が発生するための（停止）条件（前述178頁）となるのであり、「停止条件説」という。

　いずれにせよ結論に大差ないのだが、時効期間が経過してから当事者が時効を援用するまでの間の法律状態に差があることになる（停止条件説だと、当事者が援用するまでは債権は消滅しない）。判例は、かつては確定効果説をとっていたといわれていたが、最判昭和61年3月17日民集40巻2号420頁は停止条件説を前提とするかのような判断を下した（ただし、特殊な事案である）。

［援用権者］

　旧145条は単に「当事者」が時効を援用しなければならないと規定していた。これは、取得時効により所有権を取得する占有者とか、債権が消滅時効により消滅する場合の債務者を念頭に置いているが、しかし、これ以外にも、例えば保証人が時効を援用することは戦前から認められていた（大判大正4年12月11日民録21輯2051頁）。

　「保証人」とは、債務者が弁済できないときに、債務者に代わって弁済する義務を負う者である（446条1項。なお、債務者本人のことを（保証人に対して）「主債務者」ともいう）。債権が時効により消滅したときに債務者が援用できるのは当然であるが、保証人にも援用権が認められたのである。

　なお、この場合に、仮に保証人には援用権はないとしても、債務者が時効を援用すれば保証人も債務を免れる。つまり、債務者が時効を援用する場合には、保証人に援用権を認める意味は少ない。むしろ、債務者自身は時効を援用するつもりがない（あえて弁済するつもりである）ときに、保証人に「独自の」援用権を認める必要があるか否かが問題なのである。

　それでは、保証人以外の者はどうであろうか？　戦前の判例は145条の「当事者」を「時効により『直接に』利益を受ける当事者」と狭く解釈する傾向にあり、例えば、物上保証人（前述（16頁）したが他人の債務を担保するために担保物を提供した者）については援用権が否定された（大判明治43年1

月25日民録16輯22頁）。しかし、戦後になると、「直接に利益を受ける者」という解釈は維持しつつも範囲を拡大するようになった。物上保証人についても判例変更をして援用権を認めたし（最判昭和42年10月27日民集21巻8号2110頁）、抵当不動産の第三取得者にも認めた（最判昭和48年12月14日民集27巻11号1586頁）。そこで、平成29年の改正により、保証人、物上保証人および第三取得者は条文上例挙されることになった（145条かっこ書）。この問題については判例が多い。最判平成4年3月19日民集46巻3号222頁や最判平成10年6月22日民集52巻4号1195頁等を参考にして、各自研究してほしい。

　なお、独自の援用権を認めるからには、債務者本人が時効を援用しても、その効果は、その者（援用権者）には及ばないのが原則である（「相対効」と呼んだりする）。そうでないと、時効の利益を受けるか否かを本人（援用権者）の意思に委ねた145条の趣旨に反するからである。しかし、例外もある。例えば、主たる債務者が時効を援用して債権が消滅したときには、その効果は保証人にも及ぶ。保証債務の本質上、保証人の債務が主債務者の債務よりも負担の重いものであってはならないからである（448条。保証債務の「付従性」という）。さらに、上記の最判平成10年6月22日も、もう1つの例外を認めるかのようである（各自で考えてほしい）。

［時効の利益の放棄］

　146条によれば、時効の利益をあらかじめ（＝時効が完成する前に）放棄することは許されない。逆に言えば、時効完成後に時効の利益を放棄すること（援用権の放棄ともいえる）は認められるのであり、これは、時効の利益を受けるか否かを本人の意思に委ねた145条の趣旨からも当然であろう。なお、時効の利益の放棄も相対的な効果しかないのが原則であり、例えば、主債務者が時効の利益を放棄しても保証人には及ばない（大判大正5年12月25日民録22輯2494頁）。これに対して、時効が完成する前に時効の利益を放棄することが禁止されたのは、債権者から強制されて時効の利益を放棄することが考えられるからである。

　時効完成後に債務を一部弁済すると、残部について時効の利益を放棄したことになるのか否かが問題となった。すぐに続けて説明するが、時効完成前なら一部を弁済すれば残部について債務を「承認」したことになるので時効が中断する（旧152条1項）。かつての判例は、時効が完成したことを知りつつ一部弁済したのなら残部についても時効の利益を放棄したことになるとし、かつ、

反証がない限り、債務者が一部を弁済した場合には、債務者は時効の完成を知りつつ弁済したのであると推定した（最判昭和35年6月23日民集14巻8号1498頁）。しかし、この推定は非常識であると批判され（時効が完成したことを知っていたのなら弁済しないであろう）、後に、債務者が時効の完成を知っていようが知るまいが、一部弁済したなら時効を援用しないであろうと債権者が信頼するので（一部の弁済と時効の援用とは矛盾するから）、信義則（後述209頁）により、もはや時効の援用は許されなくなると判決した（最判昭和41年4月20日民集20巻4号702頁）。結論は同じであるが、こちらの説明の方が説得力はある。

2………時効の完成猶予および更新

［完成猶予および更新の意義］

　平成29年の改正以前には時効の「中断」と「停止」という制度があり、中断した場合には時効が新たに進行するので（旧157条1項）、中断は時効をリセットするものと理解されていた。しかし、例えば、裁判を提起すれば時効が中断するところ（旧149条）、裁判の提起の時から新たに時効が進行するとしても、別の条文によって裁判が確定した時から新たに時効が進行すると規定されていたので（旧157条2項）、裁判の提起の時にリセットすることに意味はない。しかし、裁判の提起に時効を中断する効力を認めないと、裁判が長びいたときに（裁判の最中に）時効が完成することになりかねないので、やはり、裁判の提起によって時効が中断しないと不都合である。

　これでわかるように、従来の中断には、①時効の完成を停めるという意味と、②新たに時効が進行を開始する（リセット）という意味が混在していたのである。そこで、平成29年の改正の際に、上記①の効果を生じる事由については時効の「完成猶予」と呼ぶこととし、上記②の効果を生じる事由については（リセットという面を強調して）時効の「更新」ということになった。前述の例（裁判による時効の中断）についていえば、裁判の提起によって（裁判の終了までは）時効が完成することはない（完成猶予）とし（147条1項）、裁判が終了して判決によって権利が確定した時から時効は新たに進行する（更新）とされるのである（同条2項）。そして、従来の停止は、つまりは完成猶予の一種であるので、結局、完成猶予と更新との

２本立ての制度になったのである。

　なお、完成猶予や更新の効力も相対的であり（153条）、例えば、保証人に対して裁判上の請求をしても、その効力は主債務者には及ばない。したがって、その後はバラバラに時効が進行する。ただし例外もあり、主債務者に対して裁判上の請求をすれば、その効力は保証人にも及ぶこととされている（457条１項）。いちいち両者に対して請求をしなければならないのは債権者にとって煩瑣に過ぎるからである。

(1)　完成猶予して更新される場合

［裁判上の請求等］

①裁判上の請求（147条１項１号）　裁判を提起すれば、その裁判が終了するまでは時効は完成しない。もっとも、確定判決等によって権利が確定することなく裁判が終了した場合（訴えの却下や取下げなど）には、終了の時から６ヶ月は完成しない（このときは更新はしない）。確定判決等によって権利が確定して裁判が終了した場合には時効が更新され、その時から、新たに時効が進行を始める（147条２項）。

　なお、物の引渡しを求められた訴訟において被告が留置権（前述15頁）を主張して引渡しを拒んだ場合には、留置権が担保する債権についての「裁判上の請求」にはならず、これは後述する「催告」に該当し、裁判の終了後６ヶ月以内に改めて裁判上の請求等をすれば時効が中断（現行法では完成猶予および更新）するとされた判決がある（最判昭和38年10月30日民集17巻９号1252頁）。この他にも、ハッキリと訴えを提起したわけではないが訴訟に関係する手続の中で債権を主張したときに、それが「裁判上の請求」に該当するか否かが問題とされた事件は多い（最判平成元年10月13日民集43巻９号985頁等）。

②支払督促（147条１項２号）　支払督促とは金銭債権等について認められる簡易な裁判手続であり（民事訴訟法382条以下）、これも、裁判上の請求と同様に、時効の完成を猶予し、権利が確定されたなら時効が更新される。

③和解または調停　ここでの「和解」とは簡易裁判所で行う和解手続のことであり、そのために裁判所が当事者を呼び出すことがある（民事訴訟法275条）。さらに、調停のために簡易裁判所や家庭裁判所が当事者を呼び出すこともあり、これらも、時効の完成を猶予したり更新したりする。

④**破産手続等への参加**　破産手続については前述（64頁）したが、このときには、破産者に対して債権を有する者（「破産債権者」という）は、一定期間内に「自分も債権を有する」旨を届け出て配当を受ける。このような破産手続等への参加も、時効の完成を猶予し、権利が確定されたなら時効が更新される。

[強制執行等]

①**強制執行（148条1項1号）**　判決を得た者が判決を実現する（民事執行法に基づく）手続が強制執行であり、例えば、債務者の財産を差し押さえて競売にかけるような場合がある。このときも、手続が終了するまでは時効の完成が猶予され、終了した時から更新されて、新たに時効が進行を始める（民法148条2項本文）。ただし、強制執行の手続が、申立ての取下げ、または、法律の規定に従わないことによる取消しによって終了したときには、その時から6ヶ月は時効は完成しないかわりに、更新もしない（同条2項ただし書）。

　なお、例えば物上保証人（前述16頁）などに対して強制執行をしたときには、債務者に対して通知をしない限り、完成猶予や更新の効力は生じない（154条）。

②**担保権の実行（148条1項2号）**　および民事執行法195条による競売（148条1項3号）

③**民事執行法196条による財産開示手続**

(2)　完成猶予のみの場合

[仮差押え・仮処分]

　仮差押え（149条1号）や仮処分（149条2号）をした場合には、手続が終了してから6ヶ月は時効は完成しない。相手方が財産の隠匿を図っている等の事情があるために裁判を提起している暇がない場合には、民事保全法に基づいて「仮差押え」や「仮処分」をすることができる。仮差押えや仮処分は、後で正式の裁判（「本案訴訟」という）を提起することを前提とする「仮の」手続であるから権利が確定されるわけではないので、更新の効果は認められない。

　このときも、物上保証人（前述16頁）などに対して仮差押え等をしたときには、債務者に対して通知をしない限り完成猶予の効力は生じない（154

条）。

[催告]

　ここまでは、何らかの形で裁判所が関与する手続であった。これに対して、単に催告をした場合には、その後 6 ヶ月は時効は完成しない（150条 1 項）。つまり、6 ヶ月以内に裁判上の請求等の手続をしたときに限り（催告の時に遡って）完成猶予の効力が生じるのである。もっとも、裁判上の請求等をしないで催告を繰り返しても、完成猶予の効力が延びるわけではない（同条 2 項）。

[協議を行う旨の合意]

　例えば、不法行為による損害賠償請求権は原則として 3 年で時効となるところ（724条 1 号、ただし、生命や身体の損害については 5 年とされる（724条の 2））、交通事故についての示談交渉が長びいて時効が迫ってしまう可能性がある。そこで、権利についての協議を行う旨の合意が書面でされたときには、①合意から 1 年、②当事者が協議を行う（1 年未満の）期間を定めたときは期間経過の時、または、③協議の続行を拒絶する旨の通知を書面でしたときは通知から 6 ヶ月を経過した時、のいずれか早い時までは時効は完成しないこととされた（151条 1 項）。再度の合意によって完成猶予を延ばすこともできるが、合計 5 年が限度である（同条 2 項）。

[その他の完成猶予]

　時効が完成する間際に何らかの理由により権利行使が困難であって完成猶予の手続をすることができない場合に、そのまま時効が完成しては権利者に気の毒であろう。そこで、そのような場合には（特に何らかの手続をしなくとも）、権利行使ができるようになるまで（一時的に）時効の完成を延期する制度がある。平成29年の改正以前には（時効の）停止と呼んでいたが、現行法では完成猶予の一種とされた。

①158条　時効完成前 6 ヶ月の時に未成年者または成年被後見人に法定代理人がいない場合には、その者（未成年者や成年被後見人）が行為能力者となった時、または、（新たな）法定代理人が就職した時から 6 ヶ月は時効が完成しない（158条 1 項）。

　さらに、未成年者または成年被後見人が（財産を管理する）法定代理人

に対して有する権利に関しては、その者（未成年者または成年被後見人）が
行為能力者となった時、または、後任の（別の）法定代理人が就職した時
から6ヶ月は時効が完成しない（158条2項）。例えば、未成年者が親に対
して自分の所有物の返還を請求しようと思っても、その親が法定代理人で
ある限りは、権利行使は困難だからである。

②**159条**　夫婦間の権利についても、婚姻解消の時より6ヶ月は時効は完
成しない。夫婦間だと権利行使が困難なのか？

③**160条**　相続財産については、相続人が確定した時、相続財産管理人
（952条）が選任された時、または、破産手続開始の決定がされた時（この
ときには破産財産管理人が選任される）から6ヶ月は時効が完成しない。例
えば、ある者の土地を他人が無断で占有していたところ土地の所有者が死
亡して相続が開始した場合には、相続人（または管理人）がいなければ占
有者に対して時効の完成猶予等の手続をすることができないからである。

④**161条**　時効が満了する時に天災等の避けることのできない事変があっ
て裁判上の請求や強制執行等ができないときには、その障害が消滅した時
から3ヶ月は時効は完成しない。

(3)　更新のみの場合

［承認］

　債務者が債務を承認すれば、時効は更新されて新たに進行を始めるし
（152条1項）、また、行為能力が制限されている者でも承認をすることが
できる（同条2項）。債務を一部弁済すれば、残額についての承認になる。時効完成
後に一部弁済したときにも、時効を援用することはできなくなる（前述187頁）。

　［問題9］
　ある債権の消滅時効期間が経過したとして、次の各場合について検
討しなさい。
　1．主たる債務者が時効を援用した場合に、保証人は債務を免れるか。
　2．保証人が時効を援用した場合に、主債務者は債務を免れるか。
　3．債権者が、時効期間経過前に主債務者に訴えを提起した場合、保
証人との関係でも時効が完成猶予・更新されるか。

４．債権者が、時効期間経過前に保証人に訴えを提起した場合、主債務者との関係でも時効が完成猶予・更新されるか。

５．主債務者が、時効期間経過前に債務を一部弁済した場合、保証人との関係でも時効が完成猶予・更新されるか。

６．保証人が、時効期間経過前に債務を一部弁済した場合、主債務者との関係でも時効が完成猶予・更新されるか。

[解説]

　時効の完成猶予や更新の効果は相対的である（＝他の者には及ばない）のが原則であるが、しかし、様々な理由による例外も多い。

１．保証人には独自の援用権が認められているのだから、主債務者のみが援用して保証人が援用しない場合には、主債務者の援用の効力は保証人には及ばないように思われるであろう。しかし、前述したように、保証人の方が主債務者よりも重い責任を負うのは保証の本質（付従性）に反するので（448条）、主債務者が援用して債権が消滅したときには、保証人も、もはや債務を弁済する必要はないと解釈されている。

２．保証人の援用の効果は、主債務者には及ばない。これは原則の通り。

３．訴えの提起には時効の完成猶予・更新の効力があるが（147条1項1号）、主債務者との間でこれらの効力が生じたときには、保証人との関係でも生じることとされた（457条1項）。前述したように、債権者の便宜のためである。

４．保証人との関係で時効の完成猶予・更新が生じても、この効果は主債務者には及ばない（153条1項）。

５．債務の一部弁済は債務の承認となり、残部についての時効を更新する（152条1項）。そして、**小問3**で述べたように、主債務者との間で時効が更新すれば保証人との関係でも更新する（457条1項）。なお、時効完成後に一部弁済したのであれば時効の利益の放棄であり、主債務者が放棄しても、その効果は保証人には及ばない（前述187頁。時効完成前の場合とでバランスを欠くように見えるが、既に時効が完成した後の保証人の利益の方が（完成前よりも）重要であろう）。

６．これも**小問4**で述べたのと同じであるが、保証人が債務を承認し

て時効が更新しても、この効果は主債務者には及ばない（153条3項）。したがって、保証人が承認した後に（元来の）時効期間が経過すれば、保証人は（独自の援用権を有するから）主債務者について時効が完成したことを援用して債務を免れることができる。これは、**小問1**で述べた保証債務の付従性からの帰結である。しかし、保証人が承認しておきながら（主債務者の）時効を援用するのはずうずうしいようにも思える。場合によっては信義則（後述209頁）などによって時効の援用を制限するべきではなかろうか。

7．連帯保証人や物上保証人について、同様の問題を考えてみなさい。なお、連帯保証の場合には458条、物上保証人の場合には153条2項に注意すること。

3………取得時効

［所有権の取得時効］

162条によれば、20年間所有の意思をもって他人の物を占有すれば所有権を取得する（同条1項）。もっとも、善意かつ無過失で（＝何らかの理由により自分には所有権があると思い、かつ、そのように誤解したのももっともであるときには）占有している場合には、10年間で所有権を取得できる（同条2項）。逆に言えば、同条1項は、占有者が悪意であるか、または、善意でも過失がある場合を想定していることになる。善意か悪意かは占有開始時点で判定される。さらに、前述（87頁）したように、取引行為により善意かつ無過失で他人の動産を占有した場合には、即時に権利を取得する（192条）。

これをまとめると、以下のようになる。

①不動産を、善意かつ無過失で10年間占有すれば所有権を取得する（162条2項）。

②動産を取引行為によって取得した場合には、善意かつ無過失であるなら即時に所有権を取得する（192条。これは時効の問題ではない）。また、取引行為以外で取得した場合でも、善意かつ無過失で10年間占有すれば所有権を取得する（162条2項）。

③不動産でも動産でも20年間占有すれば、悪意であっても、または、善意だが過失があった場合でも所有権を取得できる（162条1項）。

実は、192条は、立法時には162条１項および２項に続く「３項」として予定されていた。ところが、192条によれば「即時に」所有権を取得するのだから、これは時効（＝時間の経過による権利・義務の変動）ではなく、むしろ、占有により認められる利益（＝占有権）の１つであるとして、「占有権」の章に挿入されたのである。しかも、現在では192条は取引の安全を保護する制度であると解釈されているので、取引行為によらないで占有を取得した場合（例えば、拾った場合）には192条は適用されないことにされた。しかし、いかに取引によらない取得であるとしても、不動産なら善意で10年占有すれば所有権を取得できるのに動産の場合には善意であっても20年経過しなければ所有権を取得できないのはアンバランスなので、動産についても162条２項が適用されることになったのである。

　以下に順に説明するが、占有については「占有権」（180条以下）の条文が多く使われることに注意を要する。

［取得時効の成立要件①——所有の意思（自主占有）］
　162条によれば、ただ占有していれば取得時効が成立するのではなく、「所有の意思」をもって占有（「自主占有」という）したのでなければならない。所有の意思がなくて占有している場合（「他主占有」）とは賃借人等の占有を指すが、例えば他人の土地を賃借して占有していた者が、20年経過したら所有権を取得できたら大変である。
　しかし、所有の意思の有無は、純粋な内心の意思の問題ではなく、占有するに至った法律上の原因（「権原」という）によって決められる。例えば、売買契約をして買った者は自主占有者であるし、賃貸借契約をして借りた者は他主占有者である。もっとも、権原が有効なものである必要はない。売買契約が何らかの理由により無効であるとしても、自主占有者であることには変わりはない。また、これは全くの例外であると考えるべきだが、他人の物を盗んで占有している泥棒は（いかなる意味でも権原など有しないが）自主占有者である。
　したがって、「所有の意思」と「善意（＝所有権があると思っていた）」とは直接には関係しない。売買契約が無効であっても買主は自主占有者となるが、無効であることを知っているなら「悪意の自主占有者」である。前述した泥棒なども「悪意の自主占有者」の典型例である。

［他主占有から自主占有への転換］

　ある物を占有している者は、自主占有しているものと推定される（186条1項）。つまり、「それは自主占有ではない」と主張する側が証拠を提出しなければならない（なお、最判昭和58年3月24日民集37巻2号131頁も参照）。

　また、185条は、元来は他主占有であっても一定の場合に自主占有に転換することを認めている。

①所有の意思があることを表示した場合　土地の賃借人が、地主に対して「今後は自分の所有物と思うぞ」と宣言した場合である（泥棒みたいなものだが）。185条は、その意思を「表示」しなければならないとした点に意味がある。内心の意思が変わっただけで他主占有が自主占有に転換すると、地主は時効を中断する機会を失ってしまう。

②新権原による占有　土地の賃借人が、地主から土地を買い取って占有を始めた場合などが考えられる。

　相続が、この「新権原」となり得るかが問題となった。相続は被相続人が死亡すれば直ぐに開始するので（882条）、たとえ相続人が（被相続人の死亡を）知らなくとも相続するが、しかし、このような段階での「抽象的な」相続では新権原ではないとされた（大判昭和6年8月7日民集10巻763頁）。しかし、その後、相続人が事実上も物を支配するようになれば新権原となり得るとする判決が出た（最判昭和46年11月30日民集25巻8号1437頁）。したがって、父親が土地を賃借していたところ死亡し、相続人である子が、父親の所有地であると信じて土地の管理を始めれば自主占有者である。ただし、この場合には（後述する）186条1項は適用されず、相続人の方で自主占有である旨を立証しなければならないとされた（最判平成8年11月12日民集50巻10号2591頁）。

［取得時効の成立要件②──平穏・公然］

　また、162条によれば、平穏かつ公然の占有でなければ取得時効は成立しない。平穏の反対語は強暴であるが、所有者の抗議にもかかわらず強引に占有していたのであれば所有権を取得できないのは当然であろう。また、公然の反対語は隠秘であり、これでは所有者には誰が占有しているのかわからないので、抗議すらできない。

　ただし、ある物を占有している者は平穏かつ公然に占有しているものと推定されるので（186条1項）、それを争う側で反証しなければならない。平穏・公然の要件が問題となることは、実際には少ない。

なお、前述（194頁）したように、10年で取得時効が成立するには善意かつ無過失でなければならないところ、善意は推定されるが（186条1項）、無過失は推定されない（＝取得時効を主張する側が立証しなければならない）。

　（ちなみに、ややこしいことに、192条を適用する際には188条により無過失も推定される（最判昭和41年6月9日民集20巻5号1011頁）。取引行為によって取得した占有者は無過失であることが多いという趣旨であろう。）

［取得時効の成立要件③──占有の継続］

　最後に、一定期間（10年または20年）占有が「継続」しなければ取得時効は成立しない（162条）。

　もっとも、ある時点において占有していたことが証明され、かつ、後の時点においても占有していたことが証明されたときには、占有は、その間継続していたものと推定される（186条2項）。例えば、ある者がある物を1990年に占有していたことが証明され、また、2000年において占有していたことも証明されたときには、1990年から2000年まで継続して占有していたものと推定される。したがって、占有の継続を争うなら、その者が反証を提出しなければならない。1990年から2000年までの間の何時かに、占有者が任意に占有を中止したり（＝手放したり）他人に占有を奪われたりしたことを証明できればよい。

　このようなこと（任意の占有中止や占有の侵奪）があれば、取得時効は「中断」（または「自然中断」）する（164条）。なお、他人に占有を奪われたときには「占有回収の訴え」（200条）を提起することができるところ、勝訴すれば占有は消滅しなかった（＝継続した）ものと見なされる（203条ただし書）。

　なお、187条によれば、自分の占有に、前主の占有を併せて主張することができるが（同条1項）、このときには前主の占有の瑕疵（＝キズ）をも承継する（同条2項）。例えば、Aが悪意で18年間占有した後にBに売却してBが善意で4年間占有したときには、Bは、4年間の善意占有を主張してもよいが（これでは取得時効は成立しない）、22年間の悪意占有を主張してもよい（これなら時効は成立する）。

［時効と登記］

　取得時効によって所有権を取得した場合、登記をしなければ所有権を他

人に対抗できないのであろうか（177条参照）。判例は、以下のようにまとめることができる。

①Aの土地を、Bが1990年から善意・無過失で自主占有して2000年になれば取得時効が成立し、このときには、Bは、Aに対しては登記をしなくとも所有権を主張できる（これは当然であろう）。

②Aの土地を、Bが1990年から善意・無過失で自主占有していたところ、この土地をAがCに1995年に売却した場合でも、2000年になればBについて取得時効が成立し、Bは、Cに対しても登記をしなくとも所有権を主張できるとされた（最判昭和41年11月22日民集20巻9号1901頁）。2000年になる直前まではCに所有権があり2000年になるとBが所有権を取得するので、2000年にCからBへ所有権が移転したかのように考えることができる。したがって、Cは一種の「当事者」であり「第三者」ではないので、第三者に対する対抗要件を規定した177条の問題ではないというのが最高裁の考え方である。本当は、Bが時効によって所有権を取得したことの「反射的効果」としてCが所有権を失うのであるから、Bは、Cの所有権を承継したのではない。それを、あえて所有権の移転があったかのように考えるのである。同様の発想は、96条による取消し後の第三者（同条3項）との関係に関する判例（前述132頁）でもあった。

③Aの土地を、Bが1990年から善意・無過失で自主占有して2000年になった後（取得時効が成立した後）の2005年に、この土地をAがCに売却した場合は、Bは、Cに対しては登記がなければ所有権を主張できない（最判昭和33年8月28日民集12巻12号1936頁。前述83頁）。2000年の時点でAからBへの所有権移転があったかのように考える判例の立場からすれば、一種の二重譲渡になるからである。

④もっとも、③の状況で、AがCに売却した後もBが占有を続け再び10年が経過して2015年になった場合には、Bは、Cに対して登記をしなくとも所有権を主張できる（最判昭和36年7月20日民集15巻7号1903頁。さらに、比較的最近の例として最判平成24年3月16日民集66巻5号2321頁もある）。これは、①の応用問題に過ぎない。

判例は以上の通りであるが、これは、2通りの批判を受けた。

第1の批判は、上記②を非難する。Cは「権利の上に眠る者」ではあるが、Cが（Bの占有を）放置していたのは5年間だけなので、Cに気の毒

であるという。そこで、AがCに売却して登記も移転したときは時効が中断すると解釈することを主張したが、これは一般的には受け入れられていない。

第2の批判は、上記③を非難する。Aが1995年にCに売却したのならBは2000年になれば（＝10年占有すれば）登記がなくとも所有権を主張できるところ（②）、③の場合にはBは15年も占有しているにもかかわらず保護されないことになり、これはアンバランスであるという。そこで、Bが、時効の起算点を選択することを認めてよいとの提案がされた（実際に占有を始めた1990年以前に遡ってよいわけではない）。すると、③の場合でもBが1995年を起算点として10年間の善意占有を主張すれば結局は②の場合と同じになり、Bは登記がなくとも所有権を主張できる。時効を主張した時点から10年遡った時点を起算点として主張すればよいので「逆算説」と呼ばれる。しかし、判例は、当事者が起算点を自由に選択することはできないとした（最判昭和35年7月27日民集14巻10号1871頁）。2000年にならなければBは所有権を取得しないので登記をしたくともできず、逆に、2000年以降は登記をしようと思えばできたはずであることを考えると、判例の③は必ずしもアンバランスではない。なお、近時では、実質的には二重譲渡である点に注目して検討する見解も有力である。

［所有権以外の取得時効］

163条によれば、所有権以外の財産権も、所有権と同様に時効によって取得できる。もっとも、163条には何の制限もないが、およそすべての財産権について時効による取得が認められるかは問題である。

用益物権については、取得時効を認めてよい。例えば、地上権を設定する契約が実は無効であったような場合には、時効による地上権の取得を認め得る（最判昭和46年11月26日判時654号53頁）。

担保物権については疑問も多いし、そもそも、例えば抵当権などは優先弁済を受けるという1回の行為によって終了する権利であるので、一定期間が経過するということ自体考えにくい。もっとも、権利が存在するかのように登記を有すること自体を（一種の）権利行使であると考えるなら、一定期間の権利行使もあり得るとはいえる。

債権についても、疑問がある。時効による取得を認めることも可能ではあるが、そもそも物権に比べると権利としての重要性も劣るので、保護も

薄くてよいからである。ただし、賃借権については時効による取得が認められている（最判昭和43年10月8日民集22巻10号2145頁等）。賃借権は、地上権と区別する意味が余りないのだから、時効を認めてもよいであろう。

4………消滅時効

［消滅時効の起算点および時効期間①──債権］

166条1項によれば、債権は、①債権者が権利を行使することができることを知った時から5年間行使しないとき、および、②権利を行使することができる時から10年間行使しないときには、時効によって消滅する。したがって、権利を行使することを知らないまま10年間経過すると、権利は消滅してしまう。これでは、債権者には権利を行使する（具体的な）チャンスはなかったことになってしまうが、10年も経ったらやむを得ないという趣旨である。

なお、権利を行使することができる時と、412条で定められている履行遅滞の責任が発生する時は区別する必要がある。債務の履行について確定期限（前述181頁）が付いているときには、期限が到来すれば（166条1項2号の）消滅時効は進行するし債務者の責任も生じるが（412条1項）、「彼が死んだら払う」のような不確定期限（前述181頁）が付いているときには、期限が到来すれば（つまり彼が死ねば）消滅時効は進行するが、債権者から履行の請求を受けない限り、または、それを（彼が死んだことを）債務者が知らない限り責任は生じない（同条2項）。さらに、期限が定まっていない場合も、時効は進行するが、履行の請求を受けない限り債務者の責任は生じない（同条3項）。つまり、「債権者が何時から請求できるか」と「債務者が何時から責任を負うか」とは別の問題なのである。

なお、生命や身体の侵害による損害賠償請求権については、166条1項2号の期間（上記の②）は20年とされる（167条、さらに724条の2も参照）。

［時効期間②──債権や所有権以外の権利］

166条2項によれば、債権や所有権以外の権利は20年間行使しなければ時効によって消滅する。所有権は時効にかからない。具体的には地上権などの用益物権が挙げられる。これに対して、担保物権は被担保債権と「セット」にして考えるべきものなので、166条2項にもかかわらず、被担保債

権が時効によって消滅すれば担保物権も消滅するし、逆に、被担保債権が存続する限りは担保物権のみが消滅することはないと解釈されている。ただし、抵当権については、396条が「債務者及び抵当権設定者に対しては」被担保債権が時効によって消滅しない限り抵当権も消滅しないと定めているので、第三者（抵当不動産の第三取得者等）との間では、被担保債権が消滅しなくとも、抵当権のみが時効によって消滅するとされた例がある（大判昭和15年11月26日民集19巻2100頁）。

［時効期間③──定期金債権］

「毎年100万円払う」というような債権を「定期金債権」という。年金などである（利息債権は元本債権と別に時効にかかることはないので、定期金債権とはいわない）。そして、定期金債権から生じる各債権（支分権）については、①権利を行使することができることを知った時から10年、または、②権利を行使することができる時から20年で、時効により消滅することとされた（168条1項）。

また、債権者は、時効の更新の証拠とするため、いつでも承諾書の交付を求めることができる（168条2項）。

［時効期間④──判決で確定した権利］

確定判決等によって確定した権利については、10年より短い時効期間が定められていても、その時効期間は10年とされる（169条1項）。

［除斥期間］

時効と似て非なる制度に「除斥期間」がある。これは権利の存続期間であり、この期間が経過すると権利が消滅する。①時効期間の進行をリセットする更新を認めず、かつ、②当事者が援用しなくとも権利が消滅したことを前提として裁判される点で、時効とは異なる。要するに、時効よりも「キツイ」期間制限である。

立法者は、このような制度を予定していなかった。しかし、民法上のいくつかの期間制限については、単なる時効ではなく上述のようなキツイ期間制限であると解釈した方が立法の趣旨にも合うこともある。例えば、193条などは短期に法律関係を確定するのが立法の趣旨であると考えられるので、除斥期間であると解釈され得る。また、前述（177頁）したように、

「現実に権利を行使できる短い期間」と「より客観的に定まる長い期間」とを組み合わせた条文が多いところ（166条1項参照）、後者については、現実に権利行使する可能性がなくとも長い期間が経過した後にはいまさら蒸し返さない趣旨であるので、除斥期間であるとの解釈になじみやすい（724条2文等）。

　さらに、解除権や取消権のような形成権（前述141頁）は、権利を行使すれば目的（＝返還請求権の発生など）を達成してしまうので、「請求（＝権利行使）」による時効の完成猶予や更新は考えられない。そこで、形成権の期間制限は除斥期間であるとする解釈もある（前述177頁）。そして、形成権の行使により生じた請求権（例えば、契約を取り消したことによる代金返還請求権）は形成権行使の時から5年（または10年）の時効にかかることになるように思われるが（166条1項）、これでは期間制限の意味がないとして、制限期間内に請求権も行使するべきであるという見解もある。なお、解除権や取消権は、相手方からの請求に対する「抗弁」として使われることも多く、このときには期間が経過した後でも権利行使を許してよいとする「抗弁権の永久性」の理論が有力に主張されている（前述177頁）。

［権利失効の原則］

　ある権利を一定期間行使しなかったために「もはや権利行使しないであろう」と相手方が信頼し、その信頼が正当であるときには、もはや権利行使は許されないという理論を「権利失効の原則」と呼ぶ。ドイツで発達した理論であるが、日本でも信義則（後述209頁）を根拠として認めることができる。

　もっとも、時効期間経過後であるなら時効による権利の消滅を主張すればよいので、期間経過前でも相手方が「権利行使しないであろう」と信じたときに権利行使を否定できる点に、この理論の意味があろう。しかし、そうであるなら、時効期間が経過するまでは権利行使できると信じていた権利者の利益をも考える必要があるので、一般論としては権利失効の原則を認めるとしても、現実にはなかなか適用できないであろう。むしろ、権利行使しないために「もはや権利行使しないであろう」と相手方が信頼した場合には黙示（前述114頁）の権利放棄があったと解釈できないだろうか（前述（188頁）した時効完成後の時効利益の放棄に関する判例参照）。権利の放棄と構成する方が、時効期間が経過するまでは権利を行使できると信じ

ていた権利者の利益をも適切に考慮できるように思われる（この期待が正当であるときには権利の「放棄」とは解釈できないから）。

第 9 章　┊　**まとめ（民法の基本原則）**

　最後に、「まとめ」として民法の基本原則について述べよう。普通の教科書では、これは冒頭で説明されることが多い。にもかかわらず、あえて最後にしたのには、2つ理由がある。

　第1には、「基本原則」とはいうが、ユークリッド幾何学における「公理」のようなものではないからである。つまり、この基本原則から個々の細かいルールを演繹できるわけではない。むしろ、個々の細かいルールを「遠くから眼を細くして見ると」このような「傾向」が認められるというに過ぎない。

　第2には、個々の細かいルールを知ったうえでないと基本原則も理解しづらいのである。まず「木」を見ないと「森」とは何か想像もつかないであろう。本書をここまで読んできた読者なら、今までに得た知識を基にして基本原則を実感できるであろう。基本原則についての説明が、民法学習の「まとめ」となるわけである。

第1節●民法の指導理念

［人格の自由（平等）］

　序（前述6頁）で述べたように、近代的な民法はフランスにおける「革命の産物」である。近代以前の身分制社会においては、個人の役割は「身分」によって定まり、それが組み合わされて社会が構成されていた。このような「伝統」とか「しきたり」による固定化に対する反動が革命であり、すべての人に平等に権利能力を認め（前述22頁）、個人の自由な契約に基づく取引社会が形成されてきたのである。ある法律学者は、この傾向を「身分から契約へ」と表現した。その指導理念は、①所有権絶対の原則、②契約自由の原則、③過失責任の原則の3つに集約される。

［所有権絶対の原則］

　そもそも財産が法律的に保護されるのでなければ、財産取引をする気にもならないであろう。そこで、所有権者には所有物を自由に使用・収益・処分する権利が与えられ（206条）、これを妨害する者に対しては「妨害排除請求権」が認められる（198条、199条および200条の類推適用）。もっとも、保護すべき財産権は所有権に限られない。前述（12頁）したように、民法は、特に重要な権利として厚く保護すべきものを10種類選別して「物権」と名付けた（慣習上認められている譲渡担保をも含めれば11種類となる）。妨害排除請求は、物権すべてについて認められる。

　もっとも、財産権といえども、公共の福祉（＝社会全体の利益）のために制限されることはある（後述209頁）。特に土地は有限の資源なので、国の政策に基づいて売買や建築が規制されたり収用されたりするのはやむを得ない。また、物権以外の権利は比較的重要性は低いので保護も薄かった。しかし、近時では、債権や知的財産権の重要性が高まりつつあるし、それに対する保護も厚くなりつつある。

［契約自由の原則］

　活発な取引社会を形成するには、契約に対する規制を緩和して自由に取引できる環境を整えなければならない。契約自由の原則は、さらに、①締結の自由、②方式の自由、③内容の自由に分けられる。

①**締結の自由（521条1項）**　契約を締結するのも拒否するのも自由という意味である。拒否する自由は、「この値段では嫌だ」といって交渉をする契機ともなるのだから、契約自由の基本である。したがって、電気・ガス等の独占的な企業や医者のような公共的な職業を除いて、契約締結の自由が認められている。締結の自由を定めた条文はないが、逆に言えば、法律によって制限されない限り自由なのである。

②**方式の自由（522条2項）**　古代ローマ法では、証人の前で「お前は誓うか」「誓う」という問答によって契約（問答契約）が成立するとされていたし、中世などでも、所有権を移転する場合等には一定の「儀式」が要求されるのが普通であった。しかし、これでは迅速な取引ができないし、また、迂闊に相手を信用できない（「儀式」を経ていない約束には法的拘束力はないから）。そこで、取引社会の進展とともに、このような物々しい「儀式」は不要とされるようになったのである。

もっとも、ヨーロッパでは、ある程度重要な取引については契約書（または公正証書）が必要とされるのが普通である。日本の民法では、保証契約および遺言については書面が要求されているが（それぞれ446条2項および967条）、これ以外については要求されない（消費者保護のための特別法にはある）。これではいい加減過ぎるように思われるし、また、実務では、ある程度重要な取引については契約書を作成するのが常識である。この点では、ヨーロッパ法の継受が不充分だったのではなかろうか。

③内容の自由（521条2項）　前述（4頁）したように、当事者が合意に達したときには、その合意が当事者間の利害関係を一番上手く調整している（はずである）。したがって、契約内容が公序良俗に反する場合は例外であるが（90条）、裁判所は、当事者が合意した契約内容を尊重しなければならない（これも特に条文はないが当然である）。

　もっとも、これも前述（10頁）したように、これは当事者が対等であることを前提とする。しかし、法律上は対等でも、事実上の力関係を無視できないことも多い。このようなときには、社会経済的弱者は自分に不利な契約を拒否することができないことが多く、自然と、契約内容はとかく弱者に不利な方向へ流れる。したがって、社会経済的弱者の保護が必要となる。日本では、民法そのものを改正するよりは、むしろ、特別法（借地借家法や消費者契約法等）を立法することによって対応してきた。

［過失責任の原則］

　709条によれば、不法行為をした加害者は故意または過失があったときには損害賠償責任を負う。逆に言えば、過失もないときには責任はない。これを「過失責任の原則」という。

　そして、伝統的には債務不履行に基づく責任（解除や損害賠償）についても「債務者の責めに帰すべき事由」があるときにも責任を負うこととされ（旧415条や旧543条ただし書）、しかも、この帰責事由とは、故意または過失のことであると解釈されていた。したがって、民法全体にわたって（契約責任でも不法行為責任でも）過失責任主義が通用していたのである。自分の行為から損害が生じた場合には過失がなくても（＝充分に注意をしていても）責任を負うこととされると、人間の行動が萎縮してしまう。過失責任主義は、経済活動の自由を裏面から担保しているといわれる所以である。

しかし、過失責任主義は当然のように見えるが、その根拠を考えてみると結構難しい。加害者に過失がないときには損害賠償を請求できないとすると、結局は被害者が負担することになる。しかし、加害者に過失がないとしても、被害者にも非難されるべき点はない。それなのに、なぜ、加害者に過失がない事故による損害を被害者が負担しなければならないのであろうか。近代社会はすべての人が平等であることを前提とする取引社会であり、このときには、加害者と被害者との間には立場が入れ替わる可能性が常にある（今日は被害者でも明日は加害者になるかもしれない）。したがって、個々の事件では被害者が損害を負担しているように見えても、大きく見れば、社会全体で負担していることになる。これが、過失責任主義の1つの根拠となっている。

［無過失責任］

逆に言えば、過失責任主義には、この程度の根拠しかない。したがって、過失責任が通用せず、必ずしも過失がなくとも責任を負う（「無過失責任」という）場合も多い。

①平成29年の改正により、契約法の領域では、過失責任主義が大分後退した。債務者に過失がなかったとしても、そもそも約束した以上それを守るのは当然なのだから、約束が守れなかったときのリスクを（過失がなかったとしても）債務者が負担すべき場合も考えられるからである。

特に契約の解除に関しては、例えば売買契約の売主が契約を履行しないときに、不履行について売主に過失がなくとも、買主が契約を解除して代金の返還を求めることができるのは当然とも思える。解除は、相手方の「責任」を追及する手段であるというよりは、対価的な牽連関係を維持する制度とも考えられるからである（「売主が物を引き渡さないから買主も代金を支払いません」というのに過ぎない）。そこで平成29年の改正により、契約の解除には帰責性は不要とされた（ただし、危険負担に関する536条1項との関係が問題となる）。

また、契約違反による損害賠償については、「契約その他の債務の発生原因及び取引上の社会通念に照らして」債務者に責任がない場合には免責されるとし（415条1項ただし書）、契約違反の責任を負うべきであるか否かは契約の解釈によって決まることとなった。

確かに、債務者に過失がないときには、契約の解釈上も責任を負わないとされることが多いであろう。例えば、医療過誤訴訟などにおいては、医師が充分に注意義務を尽くしていた（＝過失がない）場合には医師に責任を負わせるのは気の毒である。他方、売買契約などにおいて売主が品質を保証したが商品に瑕疵があった場合には、売主に過失がなくとも、（保証した以上は）売主にリスクを負わせるという趣旨で損害賠償責任を負わせてもよい。したがって、損害賠償責任を負わせるか否かは契約の趣旨の解釈の問題であり、必ずしも過失責任主義にこだわる必要はないのである。

②また、110条や192条などでは、必ずしも「ミス」という意味での過失がなくとも、「原因を作った」という「与因性」を根拠に責任を負わせていることも前述（155頁および88頁）した。これは「無過失責任」とは呼ばないが、しかし、故意または過失という意味での（狭い意味での）過失責任に対する例外の1つであるとはいえる。

③さらに、不法行為の領域においても、例えば717条1項は無過失責任を規定している。同条によれば、塀が崩れて通行人がケガをした場合には、塀の占有者および所有者は責任を負う。通常は所有者が占有しているのであろうが、賃貸した場合等には所有者と占有者とが分かれる可能性がある。そして、占有者は「自分は充分に注意して管理していた」旨主張すれば責任を免れるが、所有者にはこのような「言い訳」は許されない（同条1項ただし書）。つまり、充分に注意していたとしても無過失責任を負うのである。717条1項の場合には、危険な物を所有していたこと自体を根拠に責任を負わせているので「危険責任」という。

「過失責任」というときの「過失」は責任の根拠を示している。これに対して、「無過失責任」というときの「無過失」とは「過失がなくとも責任を負う」という意味に過ぎないので責任の根拠ではない。上記③の「危険責任」は、無過失であっても責任を負わせ得る責任原理として主張されているのである。このほかに、ある事業から利益を得ている者は（過失がなくとも）損害についても負担すべきであるという「報償責任」という原理も主張されている（715条などで主張されることがある）。危険責任や報償責任は無過失責任の一種であるが、責任の根拠という観点から見た責任原理である。

第２節●信義則および権利濫用

　以上に説明してきた民法の指導理念は、著しく個人主義的であった。戦後になって、共同体的な観点からこれを修正する原理として民法１条が制定された。

［公共の福祉］

　民法１条１項によれば、私権（財産権と考えてよい（前述22頁））は公共の福祉に適合しなければならない。公共の福祉とは「社会全体の利益」程度の意味である。そもそも、憲法においては一般的に権利は公共の福祉によって制限されるものとされ（憲法12条および同13条）、しかも、経済的自由や財産権については改めて念を押している（同法22条１項、同29条２項および３項）。私権が公共の福祉に適合しなければならないのは当然であるが、民法でも、その旨明言したのである。

　もっとも、日本国憲法は個人主義を基本としている（憲法13条１文）。したがって、「社会全体のため」という理由でどのような制限でも正当化できるわけではない（憲法のテキスト等で勉強してほしい）。

［信義則］

　民法１条２項によれば、権利の行使および義務の履行は、信義に従い誠実にしなければならない。これを「信義則」という。ここでの「信義に従った誠実な行動」とは、「これまでの経緯に照らして適切な行動」と考えてよい。主にドイツで発達した理論であるが、戦前から日本でも認められており、戦後になって明文化されたのである。

　例えば、「法人格否認の法理」において信義則が使われた。ある会社が実質的には個人企業であったために相手方が会社と代表者個人とを間違えて和解契約をした後になって、会社側が「代表者個人と締結した契約の効力は会社には及ばない」と主張したのであるが、これは信義則に反するとされた（前述69頁）。和解契約をする間は黙っていて後から「実は……」といって契約を否定するのは、「これまでの経緯（和解契約の間は黙っていたこと）」に照らせば不誠実であろう。

　あるいは、「無権代理と相続」でも信義則が活用された。Ａの子Ｂが、Ａに無断で「自分（Ｂ）はＡの代理人である」と偽ってＡ所有の土地をＣ

に売却した後に、Aが死亡してBが相続したような場合を考えよう。Cが B に対して契約の追認を求めたときに B が拒否するのは、そもそも B が C に売却した経緯を考えると、信義則に反するのである（前述160頁）。さらに、時効完成後に債務を一部弁済するともはや時効の援用が許されなくなるのも、信義則が根拠であった（前述187頁）。債務を一部弁済したという経緯に照らすと、残債務について時効を援用して弁済を拒否するのは矛盾だからである。

この他に信義則が使われた有名な例として「背信行為論」がある。前述（101頁）したように、賃借人は賃貸人の承諾がなければ賃借権を譲渡することは許されず（612条1項）、これに反したときには賃貸人は賃貸借契約を解除できる（同条2項）。しかし、例えば、賃借人Aが配偶者Bと（もちろん賃貸人の承諾を得て）同居していたが、AとBとが離婚してAが賃借権をBに譲渡して出て行ったところ、賃貸人が、賃借権の無断譲渡を理由に賃貸借契約を解除した事件において、このような解除は信義則に反するとされた（最判昭和28年9月25日民集7巻9号979頁）。このような事情の下でAがBに賃借権を譲渡したときには、譲渡について賃貸人の承諾を得なかったとしても賃貸人に対する「背信的な行為」にはならないからである。これも「これまでの経緯（それまでも賃貸人の承諾の下にBは同居していた）」を考慮して信義則を適用して賃貸借契約の解除の効力を否定したのである。

[権利濫用]

民法1条3項によれば、権利の濫用は許されない。権利の「濫用」とは、ことさらに他人を困らせるために権利を使うことである。権利濫用の禁止もドイツの理論であり日本でも戦前から認められていたが、戦後明文化されたものである。

有名な例としては、「宇奈月温泉事件」（大判昭和10年10月5日民集14巻1965頁）がある。Aの温泉営業のための温泉の導管がBの土地の一部にかかっていたのでBがAを相手に所有権に基づく妨害排除請求（前述205頁）をしたケースであるが、導管を撤去するのは非常に困難で多額の費用がかかり、他方、このままでもBには大した損害はないので（そもそも特に使用していない山林なのである）、大審院は、Bの請求は権利の濫用になると判決した。権利がないわけではないが（Bの土地所有権が否定されるわけで

はない)、このような権利行使は許されないのである。

　信義則と権利濫用との関係はむずかしく、また、判決などでも「このような権利の行使は信義則に反するので権利の濫用に該当する」などという表現が使われることもある。しかし、権利濫用は、権利そのものを否定するのではなく権利の行使の仕方を否定するのであるから、宇奈月温泉事件のように、物権に基づく妨害排除請求権（前述205頁）を否定するような場合になじみやすい（物権そのものを否定するわけではないし、その必要もない）。これに対して、信義則は、上記のように「これまでの経緯」を重視する原理であるから、「これまでの経緯」がある関係、要するに契約関係がある場合に使いやすい。

　以上、民法1条は、個人主義的な財産権を共同体的な観点から修正する原理であり、「私権の公共性を定めた規定」といわれることもある。戦後の一時期にはこれが強調され、こちらが民法の基本原理であるかのように主張されたこともあるが（1条には「基本原則」という見出しが付いている）、しかし、やはり例外と考えるべきであろう。

参考文献

　以下に、さらに勉強を深めるときに参考になりそうな文献を挙げておく。ただ、当然ながら文献は無数にあり、また、網羅的に文献を羅列することに余り意味があるとも思えないので、大なり小なり恣意的な選択にならざるを得ないことをお断りしておく。

1………民法（財産法）全体にわたる体系書

　人気のある教科書としては、内田貴『民法 I ～III』（東京大学出版会）がある。「総則・物権総論」「債権各論」および「債権総論・担保物権」に分かれているので、全3冊で民法（財産法）全体をカバーできる（普通は「総則」「物権」「債権総論」および「債権各論」の4冊になる）。簡潔かつ平明に書かれていて、現代的な感覚あふれるテキストになっている。同様のものとして大村敦志『基本民法 I ～III』（有斐閣）があり、このほかに、共著のテキストとしては有斐閣Sシリーズ『民法 I ～IV』などが手頃である。

　他方、伝統的な「古典」として、我妻栄『民法講義 I ～V 4』（岩波書店）が挙げられる。債権各論の「下巻1（民法講義V 4）」までしかなく完結していないが、昭和後期を代表する体系書であり、現在でも実務は「我妻説」に従って動いている感がある。内容はやや古くなりつつあるが詳細であり、一種の「辞書」として利用できよう。

2………民法総則の体系書

　比較的最近の（共著ではない）民法総則の体系書としては、潮見佳男『民法総則講義』（2005年、有斐閣）、河上正二『民法総則講義』（2007年、日本評論社）、平野裕之『民法総則』（2017年、日本評論社）、中舎寛樹『民法総則（第2版）』（2018年、日本評論社）や佐久間毅『民法の基礎1 総則（第5版）』（2020年、有斐閣）などがある。

　他方、やや古いが、川島武宜『民法総則』（1965年、有斐閣）は著者の個性がよく出た名著であり、また、四宮和夫・能見善久『民法総則（第9

版)』（2018年、弘文堂）も定評のあるテキストである。

3………判例集・判例解説

　学習用に手頃な判例集としては、潮見佳男・道垣内弘人編（別冊ジュリスト）『民法判例百選Ⅰ（第9版）』、窪田充見・森田宏樹編『同Ⅱ（第9版）』（2023年、有斐閣）がよく利用されている。

　『最高裁判所判例解説・民事篇』（法曹会）は、後述する「最高裁判所民事判例集」に登載された判決について最高裁判所の調査官が執筆した解説である。調査官の解説は、まず、法曹時報という雑誌に掲載され、その後、年度ごとに単行本としてまとめられる。最高裁判決について最高裁の側から解説した一種の「内部資料」としての意義があり、ある最高裁判決について詳しく調べたいときには必須の文献である。

4………コンメンタール

　『新注釈民法』（有斐閣）は、同社の『注釈民法』や『新版注釈民法』の続編であり、2017年から刊行が開始されている。完成のあかつきには全20巻に及ぶことが予定されている膨大なコンメンタールであり、数多くの論点について詳細かつ網羅的に判例および学説を収録している。個人が全部買い揃えることは現実的ではないが、ある論点についてどのような議論がされているかを調べるには有用である。

5………立法者の意図を調べる資料

　ある条文がどのような趣旨なのかを知りたいときには、立法者の意図を調べることが有効な手がかりとなる。法典調査会での議事録である『民法議事速記録』がいろいろな出版社（商事法務研究会や信山社など）から刊行されているし、また、立法者の1人である梅謙次郎（前述9頁）の『民法要義』全5巻（財産法については全3巻）もよく引用される。後者は図書館などにある他、復刻版も有斐閣から出版されているので、参照しやすい。

6………雑誌

　学習の際に参考となる雑誌としては、有斐閣から実務家向けに「ジュリスト」、学生向けに「法学教室」が毎月出ている他、日本評論社の「法律時報」や「法学セミナー」も有名である。

　判例が掲載される雑誌としては、最高裁判所内の判例調査会が「最高裁判所民事判例集」を発行している他、民間の出版社による「判例時報」や「判例タイムズ」がある。また、上記の各雑誌も年度ごとに重要な判例についての解説を出版している（「重要判例解説」（ジュリスト臨時増刊）、「私法判例リマークス」（法律時報別冊）、「主要民事判例解説」（判例タイムズ）や「判例セレクト」（法学教室）など）。

事項索引

わ

和解　20, 189
和解契約　127

判例索引

著者紹介

滝沢昌彦 （たきざわ・まさひこ）

現在　一橋大学大学院法学研究科教授

経歴　1959年生まれ。一橋大学法学部卒業。司法修習（第37期）修了後、一橋大学に就職して現在に至る。

著書　『契約成立プロセスの研究』（有斐閣・2003）
　　　『ケースではじめる民法』（共著、弘文堂・2003、〔第2版〕2011）
　　　『はじめての契約法』（共著、有斐閣・2003、〔第2版〕2006）

論文　「表示の意味の帰責について―意思表示の解釈方法に関する一考察」法学研究（一橋大学研究年報）19号（1989）、「クリスチャン・ヴォルフの契約理論―『約束』的契約観」法学研究（一橋大学研究年報）31号（1998）

民法がわかる民法総則〔第5版〕

2005(平成17)年4月15日　初　版1刷発行
2008(平成20)年3月15日　第2版1刷発行
2015(平成27)年3月15日　第3版1刷発行
2018(平成30)年3月30日　第4版1刷発行
2023(令和5)年3月30日　第5版1刷発行

著　者　滝沢　昌彦

発行者　鯉渕　友南

発行所　株式会社　弘文堂　101-0062 東京都千代田区神田駿河台1の7
　　　　　　　　　　　　　TEL 03(3294)4801　振替　00120-6-53909
　　　　　　　　　　　　　https://www.koubundou.co.jp

装　丁　笠井亞子

印　刷　三美印刷

製　本　井上製本所

ISBN978-4-335-35942-2

弘文堂
プレップ
法学

これから法律学にチャレンジする人
のために、覚えておかなければなら
ない知識、法律学独特の議論の仕方
や学び方のコツなどを盛り込んだ、
新しいタイプの“入門の入門”書。

＊印未刊